Mrs. Warrens Beruf

Bernard Shaw

Writat

Diese Ausgabe erschien im Jahr 2024

ISBN: 9789359945743

Herausgegeben von
Writat
E-Mail: info@writat.com

Inhalt

DIE ENTSCHULDIGUNG DES AUTORS

Mrs. Warrens Profess wurde nach einer Verzögerung von nur acht Jahren endlich durchgeführt; und ich habe mit Ibsen noch einmal das triumphale Vergnügen geteilt, alle bis auf die köpfigsten Londoner Theaterkritiker aus der Ausübung ihres Berufs verbannt zu haben. Kein Autor hat jemals den Jubel erlebt, die Presse in einen hysterischen Aufruhr des Protests, der moralischen Panik, des unfreiwilligen und hektischen Sündenbekenntnisses, eines Gewissensschreckens zu versetzen, in dem die Fähigkeit, zwischen dem Kunstwerk auf der Bühne zu unterscheiden, verloren geht und das wirkliche Leben des Zuschauers ist verwirrt und überwältigt, er wird sich immer um die stereotypen Komplimente kümmern, die jede gelungene Farce oder jedes erfolgreiche Melodram den Zeitungen entlockt. Nennen Sie mir den Kritiker, der aus meinem Stück stürzte und wütend verkündete, dass Sir George Crofts rausgeschmissen werden sollte. Was für ein Triumph für den Schauspieler, der damit einen abgestumpften Londoner Journalisten auf den Zustand des einfachen Seemanns in der Wapping-Galerie reduziert, der Jago Verwünschungen zubrüllt und Othello warnt, ihm nicht zu glauben! Aber noch wertvoller als diese Einfachheit ist das Gefühl des plötzlichen Erdbebens, das die Grundlagen der Moral erschüttert und eine blasse Schar von Kritikern auf die Straße schickt, die schreien, dass die Säulen der Gesellschaft brechen und der Ruin des Staates bevorstehe. Sogar die Ibsen-Champions von vor zehn Jahren protestierten mit mir, genauso wie die Veteranen jener tapferen Tage mit ihnen protestierten. Herr Grein, der zähe Bilderstürmer, der meine Stücke neben „Geister" und „Die Wildente" zum ersten Mal auf die Bühne brachte, rief aus, dass ich seine Ideale zerstört habe. Eigentlich seine Ideale! Was würde Dr. Relling sagen? Und Mr. William Archer selbst verleugnet mich, weil ich „Pech nicht berühren kann, ohne mich darin zu suhlen". Mein Spiel muss wirklich nötiger sein, als ich wusste; und doch dachte ich, ich wüsste, wie wenig die anderen wissen.

Gehen Sie jedoch nicht davon aus, dass die Bestürzung der Presse eine Bestürzung der breiten Öffentlichkeit widerspiegelt. Jeder kann die Theaterkritiker im Handumdrehen verärgern, indem er die romantischen Gemeinplätze der Bühne durch moralische Gemeinplätze der Kanzel, des Podiums oder der Bibliothek ersetzt. Spielen Sie „Mrs. Warrens Beruf" vor einem Publikum aus geistlichen Mitgliedern der Christlich-Sozialen Union und aus Frauen mit großer Erfahrung in der Rettungs-, Mäßigungs- und Mädchenclubarbeit, und es wird keine moralische Panik aufkommen; Jeder anwesende Mann und jede anwesende Frau wird wissen, dass ihr täglicher Nahkampf gegen die Prostitution mit Gebeten und Überredungen, Unterkünften und dürftigen Almosen bestehen bleibt, solange die Armut die

Tugend abscheulich macht und das geringe Taschengeld des reichen Junggesellentums das Laster blendend erscheinen lässt ein Verlierer. Es gab eine Zeit, in der sie darauf drängen konnten, dass „die Bleifabrik, in der Anne Jane vergiftet wurde", zwar ein weitaus schrecklicherer Ort sei als Mrs. Warrens Haus, die Hölle aber noch schrecklicher sei. Heutzutage glauben sie nicht mehr an die Hölle; und die Mädchen, mit denen sie arbeiten, wissen, dass sie nicht daran glauben und würden sie auslachen, wenn sie es täten. Die Retter haben so gut gelernt, dass Mrs. Warrens Selbstverteidigung und Anklage gegen die Gesellschaft das ist, was am meisten erwähnt werden muss, dass diejenigen, die mich persönlich kennen, mir Vorwürfe machen, nicht weil ich dieses Stück geschrieben habe, sondern weil ich meine Energie für „angenehme Stücke" verschwendet habe die Belustigung leichtfertiger Leute, wenn ich so hervorragende Bühnenpredigten über ihre eigene Arbeit aufbauen kann. „Mrs. Warrens Beruf" ist das einzige Stück von mir, das ich ohne Zweifel am Ergebnis einer Zensur unterziehen könnte; nur darf es sich nicht um die Zensur des kleinen Theaterkritikers oder eines unschuldigen Gerichtsbeamten wie des Lord Chamberlain's Examiner handeln, geschweige denn um die Zensur von Leuten, die bewusst von Mrs. Warrens Beruf profitieren oder ihn persönlich nutzen oder die das Amt innehaben weithin geflüsterte Ansicht, dass es sich um ein unverzichtbares Sicherheitsventil zum Schutz der häuslichen Tugend handelt, oder vor allem diejenigen, die von einer sentimentalen Zuneigung zu unserer gefallenen Schwester erfüllt sind und sie „zärtlich hochheben, sie mit Sorgfalt hochheben würden, wenn sie so gestaltet sind". schlank, jung und SO blond." Ich bin auch nicht bereit, das Urteil der Herren Ärzte zu akzeptieren, die Frau Warren zwangsweise desinfizieren und registrieren würden, während sie den Gönnern von Frau Warren, insbesondere ihren militärischen Gönnern, die Freiheit ließen, ihre Gesundheit und die aller anderen zu zerstören, ohne Repressalien befürchten zu müssen. Aber ich wäre durchaus zufrieden, wenn mein Stück beispielsweise von einem gemeinsamen Ausschuss der Central Vigilance Society und der Heilsarmee beurteilt würde. Und je strengere Moralisten die Mitglieder des Komitees waren, desto besser.

Einige der Journalisten, die ich schockiert habe, haben ihre Vernunft so unreif, dass sie daraus nichts anderes als die verwirrte Vorstellung entnehmen können, dass ich die National Vigilance Association und die Heilsarmee der Mitschuld an meiner eigenen skandalösen Unmoral bezichtige. Es wird ihnen so vorkommen, als ob Menschen, die dieses Stück ertragen würden, alles ertragen würden. Sie irren sich völlig. Ein solches Publikum, wie ich es beschrieben habe, würde von vielen unserer modischen Stücke abgestoßen sein. Sie würden das Theater in der Überzeugung verlassen, dass der Plymouth Brother, der das Schauspielhaus immer noch als eines der Tore zur Hölle betrachtet, vielleicht der sicherste Berater ist, über das er so wenig weiß. Wenn ich nicht zu derselben Schlussfolgerung komme, dann nicht, weil ich zu denen gehöre, die behaupten, Kunst sei von moralischen Verpflichtungen befreit, und leugnen, dass das Schreiben oder die Aufführung eines Theaterstücks ein moralischer Akt ist, der genau gleich behandelt werden muss als Diebstahl oder Mord eingestuft werden, wenn dies ebenso schädliche Folgen hat. Ich bin davon überzeugt, dass die bildende Kunst das subtilste, verführerischste und wirksamste Instrument der moralischen Propaganda auf der Welt ist, abgesehen vom Beispiel persönlichen Verhaltens. Und selbst auf diese Ausnahme verzichte ich zugunsten der Bühnenkunst, denn sie funktioniert, indem sie Beispiele persönlichen Verhaltens verständlich macht und Massen unaufmerksamer, unreflektierter Menschen anspricht, denen das wirkliche Leben nichts bedeutet. Ich habe immer wieder darauf hingewiesen, dass der Einfluss des Theaters in England so groß wird, dass privates Verhalten, Religion, Recht, Wissenschaft, Politik und Moral immer theatralischer werden, das Theater selbst jedoch für den gesunden Menschenverstand unzugänglich bleibt. Religion, Wissenschaft, Politik und Moral. Deshalb bekämpfe ich das Theater nicht mit Broschüren, Predigten und Abhandlungen, sondern mit Theaterstücken; Und ich finde die dramatische Methode so effektiv, dass ich keinen Zweifel daran habe, dass ich endlich sogar London davon überzeugen werde, sein Gewissen und seinen Verstand mitzunehmen, wenn es ins Theater geht, anstatt sie mit seinem Gebetbuch zu Hause zu lassen tut es derzeit. Folglich bin ich der letzte Mann auf der Welt, der bestreitet, dass, wenn der Nettoeffekt der Ausübung von Frau Warrens Beruf in einer Erhöhung der Zahl der Personen bestünde, die diesen Beruf ergreifen, seine Leistung entsprechend gehandhabt werden sollte.

Lassen Sie uns nun überlegen, wie eine solche Rekrutierung durch das Theater gefördert werden kann. Nichts ist einfacher. Lassen Sie den King's Reader of Plays, unterstützt von der Presse, eine ungeschriebene, aber vollkommen verstandene Regelung erlassen, dass Angehörige von Frau Warrens Beruf nur dann auf der Bühne geduldet werden, wenn sie schön, exquisit gekleidet und üppig untergebracht und verpflegt sind; auch, dass sie am Ende des Stücks unter den mitfühlenden Tränen des gesamten Publikums an Schwindsucht sterben oder in den Nebenraum gehen, um Selbstmord zu begehen, oder zumindest von ihren Beschützern vertrieben und zur „Erlösung" weitergegeben werden „von alten und treuen Liebhabern, die sie trotz ihrer Leichtfertigkeit verehrt haben. Natürlich werden die ärmeren Mädchen in der Galerie an die Schönheit, an die exquisiten Kleider und das luxuriöse Leben glauben und erkennen, dass es keine wirkliche Notwendigkeit für den Konsum, den Selbstmord oder die Vertreibung gibt: lediglich fromme Formen, allesamt sie, um das Gesicht des Zensors zu wahren. Selbst wenn diese rein offiziellen Katastrophen einigermaßen überzeugend wären, bleibt die Mehrheit der englischen

Mädchen so arm, so abhängig und sich so wohl bewusst, dass die Plackerei solch ehrlicher Arbeit, die in ihrer Reichweite liegt, wahrscheinlich genug ist, um sie schließlich zu einer Lungenkrankheit und einem vorzeitigen Tod zu führen , und häusliche Desertion oder Brutalität, dass sie immer noch Grund sehen würden, den Primelpfad dem engen Pfad der Tugend vorzuziehen, da beide, Laster im schlimmsten Fall und Tugend im besten Fall, zum gleichen Ziel in Armut und Überarbeitung führen. Es ist wahr, dass die Schulleiterin Ihnen sagen wird, dass nur Mädchen einer bestimmten Art auf diese Weise argumentieren würden. Aber leider! Bei genauerem Hinsehen stellt sich heraus, dass es sich bei dieser bestimmten Art einfach um die hübsche, zierliche Art handelt: das heißt um die einzige Art, die die Chance bekommt, auf der Grundlage solcher Überlegungen zu handeln. Lesen Sie den ersten Bericht der Commission on the Housing of the Working Classes [Bluebook C 4402, 8d., 1889]; Lesen Sie den Bericht über Home Industries (heiliges Wort, Home!) herausgegeben vom Women's Industrial Council [Home Industries of Women in London, 1897, 1s., 12 Buckingham Street, WC]; und fragen Sie sich, ob Sie, wenn das darin beschriebene Los im Leben Ihr Los wäre, nicht das Los von Kleopatra, von Theodora, der Kameliendame, von Frau Tanqueray, von Zaza und von Iris bevorzugen würden. Wenn Sie tief genug in die Dinge eindringen können, um Nein sagen zu können, wie viele unwissende, halb verhungerte Mädchen werden dann glauben, dass Sie aufrichtig sprechen? Für sie ist das Los der Iris im Vergleich zu ihrem eigenen himmlisch. Doch unser König sagt wie seine Vorgänger zum Dramatiker: „So und nur so sollen Sie Frau Warrens Beruf auf der Bühne präsentieren, sonst werden Sie verhungern." Zeuge Shaw, der die unverlockende Wahrheit darüber gesagt hat und den Wir durch die Gnade Gottes dementsprechend verbieten und unterdrücken und zum Schweigen bringen, was in Uns lügt." Glücklicherweise lässt sich Shaw nicht zum Schweigen bringen. „Der Hurenschrei von Straße zu Straße" ist lauter als die Stimmen aller Könige. Ich bin nicht vom Theater abhängig und kann nicht dazu gezwungen werden, mein Stück zu einer ständigen Werbung für die attraktive Seite von Mrs. Warrens Geschäft zu machen.

Hier muss ich mich vor einem Missverständnis hüten. Es ist nicht die Schuld ihrer Autoren, dass die lange Reihe mutwilliger Tragödien, von Antonius und Kleopatra bis Iris, für arme Mädchen eine Falle sind und aus diesem Grund von vielen ernsthaften Männern und Frauen beanstandet werden, die „ Mrs. Warrens Beruf" für eine ausgezeichnete Predigt halten . Herr Pinero muss keineswegs die Tatsache verheimlichen, dass seine Iris eine Person ist, um die Millionen besserer Frauen beneiden. Wenn er sein Stück durch die Erfindung fiktiver Benachteiligungen für sie zum Leben erwecken würde, würde er genauso skrupellos handeln wie jeder Traktatschreiber. Wenn die Gesellschaft beschließt, für ihre Schwertlilien besser zu sorgen als für ihre berufstätigen Frauen, darf sie nicht erwarten, dass ehrliche Dramatiker falsche Beweise erfinden, um ihren Kredit zu retten. Das Unheil liegt in der absichtlichen Unterdrückung der anderen Seite des Falles: der Weigerung, Frau Warren zu erlauben, die Plackerei und Abscheulichkeit aufzudecken, die es mit sich bringt, unter groben, langweiligen Trunkenbolden zu arbeiten; die Entschlossenheit, nicht zuzulassen, dass das Pariser Mädchen in Les Avaries aus Brieux auf die Bühne kommt und den Menschen vor Augen führt, was ihre Krankheiten für sie und für sie selbst bedeuten. Das alles, sagt der King's Reader, sei entsetzlich und abscheulich.

Konkret: Was erwartet er davon? Würde er wollen, dass wir es als schön und erfreulich darstellen? Ich fürchte, die Antwort auf diese Frage muss ein klares Ja sein; denn es scheint unmöglich, aus dem Geist eines Engländers die Vorstellung auszurotten, dass Laster eine Freude seien und dass der Verzicht darauf Entbehrungen sei. Auf jeden Fall wird es von unserem Zensor willkommen geheißen, solange die verlockende Seite davon dem Publikum gegenüber erhalten bleibt und durch viel Gefühl und Mitgefühl gemildert wird, wohingegen der geringste Versuch, es ins Licht der Laterne des Polizisten oder der Polizei zu stellen Die Unterkunft der Heilsarmee wird sofort als nicht nur ekelhaft, sondern, wenn Sie so wollen, auch als unnötig abgetan.

Ich hoffe, jeder wird zugeben, dass dieser Zustand unerträglich ist; dass das Thema von Mrs. Warrens Beruf entweder ganz Tapu sein muss oder dass die warnende Seite ebenso frei zur Schau gestellt wird wie die verlockende Seite. Aber viele Leute werden für ein vollständiges Tapu und eine unparteiische Streichung aus den Vorständen von Frau Warren und Gretchen und den anderen stimmen; kurz gesagt, um die sexuellen Instinkte gänzlich von der Bühne zu verbannen. Wer dies für unmöglich hält, kann kaum die Zahl und Bedeutung der Themen berücksichtigen, die tatsächlich von der Bühne verbannt werden. Viele Stücke, darunter Lear, Hamlet, Macbeth, Coriolanus und Julius Caesar, haben keine sexuellen Komplikationen: Der Handlungsstrang kann von Kindern verfolgt werden, die keine einzige Szene aus „ Mrs. Warrens Beruf" oder „Iris" verstehen konnten. Keines unserer Stücke weckt die Sympathie des Publikums, indem es die Schmerzen der Mutterschaft zur Schau stellt, wie es in chinesischen Stücken immer der Fall ist. Jede Nation verfügt zusätzlich zum allgemeinen menschlichen Bestand über ihre eigene besondere Gruppe von Tapus ; und obwohl jeder dieser Tapus den Spielraum des Dramatikers einschränkt, macht er das Drama nicht unmöglich. Wenn der Prüfer sich weigern würde, Theaterstücke mit weiblichen Charakteren zu lizenzieren, würde er der Bühne nur das antun, was unsere Stammesbräuche bereits mit der Kanzel und der Bar tun. Ich habe selbst ein ziemlich unterhaltsames Stück geschrieben, in dem nur eine Frau vorkommt, und sie ist ziemlich herzlich ; und ich könnte genauso gut ein Theaterstück schreiben, in dem überhaupt keine Frau vorkommt. Ich gehe sogar so weit, Herrn Redford meine Unterstützung zu versprechen, wenn er diese Beschränkung für einen Teil des Jahres, beispielsweise während der Fastenzeit, einführt, um eine Sperrzeit für das langweiligste aller dramatischen Themen, Ehebruch und Gewalt, zu schaffen Manager und Autoren, um herauszufinden, was alle großen Dramatiker spontan herausfinden: Nämlich, dass Menschen, die jede andere Rücksicht auf die Liebe opfern, auf der Bühne genauso hoffnungslos unheldenhaft sind wie Wahnsinnige oder Dipsomane. Hector ist der Held der Welt; weder Paris noch Antony.

Aber obwohl ich die Möglichkeit eines Dramas, in dem die Liebe ebenso effektiv ignoriert werden sollte wie die Cholera, nicht in Frage stelle, besteht nicht die geringste Chance, dass Mr. Redford diesen Ausweg aus der Schwierigkeit findet . Wenn er es versuchen würde, würde es einen Aufstand geben, in dem er trotz meiner alleinigen Bemühungen, ihn zu verteidigen, hinweggefegt würde. Ein vollständiges Tapu ist politisch unmöglich. Eine völlige Duldung ist für Herrn Redford ebenfalls unmöglich , da sein Beruf weg wäre, wenn es kein durchzusetzendes Tapu gäbe. Er ist daher gezwungen, den vorliegenden Kompromiss eines teilweisen Tapu beizubehalten , der nach bestem Ermessen und unter sorgfältiger Rücksichtnahme auf Personen und die öffentliche Meinung angewendet wird. Und auch eine sehr vernünftige englische Lösung der Schwierigkeit, werden die meisten Leser sagen. Ich würde es nicht bestreiten, wenn dramatische Dichter wirklich das wären, wofür die englische öffentliche Meinung sie zu ihren Lebzeiten allgemein annimmt: das heißt, eine aus Zügellosigkeit und Unregelmäßigkeiten bestehende Gruppe, die von einem Richter, der keinen Unsinn duldet, auf grobe und schnelle Weise in Ordnung gehalten werden muss ihnen. Aber ich kann nicht zugeben, dass die Klasse, die durch Eschylos , Sophokles, Aristophanes, Euripides, Shakespeare, Goethe, Ibsen und Tolstoi repräsentiert wird, ganz zu schweigen von unseren eigenen zeitgenössischen Dramatikern, in Mr. Redfords Büro genauso präsent ist wie ein Taschendieb in der Bow Street . Darüber hinaus ist es nicht wahr, dass die Zensur, obwohl sie sicherlich Ibsen und Tolstoi unterdrückt und Shakespeare unterdrücken würde, wenn es nicht die absurde Regel gäbe, dass ein einmal lizenziertes Stück immer lizenziert ist (so dass Wycherly erlaubt und Shelley verboten ist), auch skrupellose Dramatiker unterdrückt . Ich fordere Herrn Redford auf, jedes extreme sexuelle Fehlverhalten zu erwähnen, das jeder vernünftige Manager riskieren würde, auf der Londoner Bühne zu präsentieren, und das nicht unter seiner Lizenz und der seines Vorgängers aufgeführt wurde. Tatsächlich erweist sich der Kompromiss in der Praxis zugunsten lockerer Spielzüge als ernsthafter Spielzüge.

Um diesen Punkt überzeugend zu untermauern, werde ich den extremen Weg wählen und die Handlung zweier Stücke erzählen, die ich in den letzten zehn Jahren in den Theatern des Londoner West End gesehen habe. Eines davon erhielt eine Lizenz vom Dozenten für Stücke der verstorbenen Königin Victoria, das andere vom jetzigen Dozenten des Königs. Beide Handlungen entsprechen den strengsten Regeln der Zeit, als „Die Kameliendame" noch ein verbotenes Stück war und „Die zweite Frau Tanqueray" nur unter der Bedingung geduldet worden wäre, dass sie dem Publikum genau erklärte, dass sie bei ihrer Begegnung mit Captain Ardale „aber mit Absicht" gesündigt habe.

Spielen Sie Nummer eins. Ein Prinz wird von seinen Eltern gezwungen, die Tochter eines benachbarten Königs zu heiraten, liebt aber eine andere Jungfrau. Die Szene stellt einen Saal im Königspalast bei Nacht dar. Die Hochzeit hat an diesem Tag stattgefunden; und die geschlossene Tür des Hochzeitsgemachs liegt im Blickfeld des Publikums. Drinnen erwartet die Prinzessin ihren Bräutigam. Eine Duenna ist anwesend. Der Bräutigam tritt ein. Sein einziger Wunsch ist es, einer Ehe zu entkommen, die er verabscheut. Ihm kommt eine Idee. Er wird die Duenna angreifen und von seinem empörten Schwiegervater schändlich aus dem Palast vertrieben werden. Zu seinem Entsetzen ist die Duenna, als er diese List ausführt, weit davon entfernt, Alarm zu schlagen, sondern geschmeichelt, erfreut und nachgiebig. Der Angreifer wird zum Angegriffenen. Er wirft sie wütend zu Boden, wo sie ruhig verharrt. Er fliegt. Der Vater kommt herein; entlässt die Duenna; Er lauscht am Schlüsselloch des Hochzeitsgemachs seiner Tochter, äußert verschiedene Höflichkeiten und erklärt mit einem Schauder, dass ein Kussgeräusch, von dem er annimmt, dass es von innen kommt, ihn wieder jung fühlen lässt.

Als Enttäuschung über das schockierende Erstaunen, mit dem eine Geschichte wie diese gelesen wird, kann ich nur sagen, dass sie erst dann auf der Bühne aufgeführt wurde, nachdem der oberste Beamte des Hauses der Königin von England ihre Korrektheit bescheinigt hatte.

Geschichte Nummer zwei. Ein deutscher Offizier findet sich in einem Gasthaus mit einer Französin wieder, die seine nationale Eitelkeit verletzt hat. Er beschließt, sie zu demütigen, indem er sie vergewaltigt. Er verkündet sein Ziel. Sie protestiert, fleht, fliegt zu den Türen und findet sie verschlossen vor, ruft um Hilfe und findet keine in der Nähe, rennt schreiend von einer Seite zur anderen und wird nach einer erschütternden Szene überwältigt und fällt in Ohnmacht. Da auf der Bühne ohne ein tatsächliches Verbrechen nichts mehr möglich ist, gibt der Beamte dann nach und verlässt sie. Als sie sich erholt, glaubt sie, dass er seine Drohung wahr gemacht hat; und im weiteren Verlauf des Stücks wird dargestellt, wie sie ihm vergeblich Rache schwört, während sie sich in Wirklichkeit unter dem Einfluss seines imaginären Verbrechens gegen sie in ihn verliebt. Schließlich willigt sie ein, ihn zu heiraten; und der Vorhang fällt vor ihrem Glück.

Diese Geschichte wurde vom anwesenden King's Reader, handelnd für den Lord Chamberlain, als nichtig in ihrer allgemeinen Tendenz bescheinigt, „alles Unmoralische oder auf andere Weise für die Bühne Unangemessene" zu sein. Aber niemand soll daraus den Schluss ziehen, dass Herr Redford ein Monster ist, dessen Politik darin besteht, das Theater zu verderben. Tatsächlich sind beide oben genannten Geschichten aus offizieller Sicht völlig in Ordnung. Die sexuellen Vorfälle, die sie enthalten, beinhalten, obwohl sie in beiden Fällen so weit gehen, dass ein weiterer Schritt behandelt werden würde, nicht vom King's Reader, sondern von der Polizei, weder Ehebruch noch irgendeine Anspielung auf Mrs. Warrens Beruf auf die Tatsache, dass die Kinder jeder polyandrischen Gruppe, wenn sie erwachsen werden, unweigerlich mit dem unlösbaren Problem ihrer eigenen möglichen Blutsverwandtschaft konfrontiert werden, so wie die Kinder der Gruppe von Frau Warren in meinem Stück. Kurz gesagt, indem sie sich völlig auf den groben Humor und die körperliche Faszination des Sex verlassen, erfüllen sie alle formulierbaren Anforderungen der Zensur, wohingegen Stücke, in denen dieser Humor und die Faszination verworfen werden und die durch Sex verursachten sozialen Probleme ernsthaft in Angriff genommen und behandelt werden mit, ignorieren zwangsläufig die offizielle Formel und werden unterdrückt. Wenn die alte Regel gegen die Zurschaustellung illegaler sexueller Beziehungen auf der Bühne wiederbelebt und das Thema völlig verboten würde, wäre das einzige Ergebnis, dass Antonius und Kleopatra, Othello (wegen der Bianca-Episode), Troilus und Cressida, Heinrich IV., Maß für Measure, Timon von Athen, La Dame aux Camellias, The Profligate, The Second Mrs Tanqueray, The Notorious Mrs Ebbsmith , The Gay Lord Quex , Mrs Dane's Defense und Iris würden von der Bühne gefegt und dem gleichen Verbot wie Tolstois Dominion of Darkness und Mrs. Warrens Profession unterworfen, während Stücke wie die beiden oben beschriebenen ein Monopol darauf hätten Theater, soweit es um sexuelle Interessen geht.

Darüber hinaus würde die Abscheulichkeit der schlechtesten zertifizierten Stücke die Zensur vor effektiver Entlarvung und Kritik schützen. Vor nicht allzu langer Zeit bat mich eine hochrangige amerikanische Zeitschrift um einen Artikel über die Zensur der englischen Bühne. Ich antwortete, dass ein solcher Artikel Passagen enthalten würde, die zu unangenehm seien, um in einer Zeitschrift für die allgemeine Familienlektüre veröffentlicht zu werden. Der Herausgeber beharrte dennoch darauf; aber erst als er seine Bereitschaft erklärt hatte, sich dieser Sache zu stellen, und sich verpflichtet hatte, den Artikel unverändert einzufügen (wobei sich die Besonderheit der Zusage sogar auf die Angabe der genauen Wortzahl im Artikel erstreckte), stimmte ich dem Vorschlag zu. Was war das Ergebnis?

Als der Herausgeber mit den beiden oben angeführten Geschichten konfrontiert wurde, warf er sein Versprechen in den Wind und druckte ihn, anstatt den Artikel zurückzusenden, unter Weglassung der illustrativen Beispiele, und es blieb nichts übrig als das Argument politischer Prinzipien gegen die Zensur. Dabei feuerte er meine Breitseite ab, nachdem er die Kanonenkugeln zurückgezogen hatte; Denn weder der Zensor noch irgendein anderer Engländer, außer vielleicht Mr. Leslie Stephen und ein paar anderen Veteranen der schwindenden alten Garde des Benthamismus, scheren sich einen Scherz um politische Prinzipien. Der gewöhnliche Brite glaubt, dass er seine Freiheit bösartig missbrauchen wird, wenn nicht jeder andere Brite in irgendeiner Form unter Vormundschaft gehalten wird (je kindischer, desto besser). Was ihr Prinzip betrifft, ist die Zensur die beliebteste Institution in England; und der Dramatiker, der es kritisiert, wird als ein Schurke beschimpft, der sich für Straflosigkeit einsetzt. Folglich kann nichts das Vertrauen der Öffentlichkeit in das Amt des Lord Chamberlain wirklich erschüttern, außer einer schonungslosen und ungezügelten Erzählung der zügellosen Fiktionen, die durch sein Netz schlüpfen und von ihm mit der Zustimmung des Throns gekennzeichnet werden. Da diese Erzählungen jedoch nicht ohne große Schwierigkeiten veröffentlicht werden können, liegt es an der Verpflichtung eines Herausgebers, sich nicht unerwartet mit Themen zu befassen, die nicht *jungfräulich sind puerisque* , die Chancen stehen gut, dass der Zensor allen Vorwürfen entgeht. Mit Ausnahme solcher Kommentare, die ich in meinen eigenen kritischen Artikeln in „The World" und „The Saturday Review" machen konnte, als die von mir beschriebenen Stücke zum ersten Mal aufgeführt wurden, und einigen unwissenden Protesten von Kirchenmännern gegen viel bessere Stücke, von denen sie zugaben, dass sie sie hatten weder gesehen noch gelesen wurde, wurde in der Presse nichts gesagt, was ernsthaft die lockere Vorstellung widerlegen könnte, dass die Bühne ohne die Wachsamkeit des King's Reader viel schlimmer wäre, als sie zugegebenermaßen ist. Die Wahrheit ist, dass kein Manager es wagen würde, auf eigene Verantwortung die Stücke herzustellen, für die er jetzt königliche Zertifikate für zwei Guineen pro Stück bekommen kann.

Ich beeile mich hinzuzufügen, dass ich glaube, dass diese Übel in der Natur jeder Zensur liegen und nicht nur eine Folge der Form sind, die die Institution in London annimmt. Zweifellos ist es eine erschreckende Absurdität, einen gewöhnlichen Beamten zu ernennen, um dafür zu sorgen, dass die Führer der europäischen Literatur die Moral der Nation nicht verderben, und um Sir Henry Irving als Schurken und Vagabund davon abzuhalten, sich als Samson oder David auszugeben auf der Bühne, obwohl jeder andere Künstler diese Schriftfiguren ungehindert auf ein Schild oder einen Grabstein ritzen kann. Wenn der General Medical Council, das Royal College of Physicians, die Royal Academy of Arts, die Incorporated Law

Society und die Convocation abgeschafft und ihre Funktionen an Herrn Redford übergeben würden, würde das Concert of Europe England vermutlich für verrückt erklären und behandeln sie entsprechend. Doch obwohl weder die Medizin noch die Malerei, noch das Gesetz oder die Kirche den Charakter der Nation so stark formen wie das Theater, kann nichts auf die Bühne kommen, ohne dass seine Dimensionen es zulassen, dass es Herrn Redford durch den Kopf geht! Bitte denken Sie nicht, dass ich die Ehrlichkeit von Herrn Redford in Frage stelle. Ich bin mir ziemlich sicher, dass er mich aufrichtig für einen Schurken hält und mein Stück für ein völlig unangemessenes, weil es, wie Tolstois „Herrschaft der Finsternis", einen sehr starken und sehr schmerzhaften Eindruck des Bösen hervorruft, wie beides auch bewirken soll. Ich bezweifle nicht einen Moment, dass das von mir beschriebene und von ihm genehmigte Vergewaltigungsstück im Manuskript völlig unfähig war, irgendeine besondere Wirkung auf sein Gemüt hervorzurufen, und das auch, als er einst davon überzeugt war, dass es sich um einen schlecht benommenen Helden handelte Da er ein deutscher und kein englischer Offizier war, bestand er das Stück, ohne seine moralischen Tendenzen zu studieren. Selbst wenn er diese Studie durchgeführt hätte , gäbe es keinen größeren Grund anzunehmen, dass er ein kompetenter Moralist ist, als anzunehmen, dass ich ein kompetenter Mathematiker bin. Aber eigentlich spielt es keine Rolle, ob er Moralist ist oder nicht. Möge niemand auch nur einen Augenblick davon träumen, dass das Falsche an der Zensur die Unzulänglichkeit des Herrn ist, der zufällig als Zensor fungiert. Ersetzen Sie ihn morgen durch eine Akademie für Literatur und eine Akademie für dramatische Poesie, und der neue und erweiterte Filter wird weiterhin originelle und epochemachende Werke ausschließen, während konventionelle, altmodische und vulgäre Werke ohne Frage durchgelassen werden. Das Konklave, das den Index der römisch-katholischen Kirche erstellt, ist die erhabenste, älteste, gelehrteste, berühmteste und maßgeblichste Zensur in Europa. Ist es aufgeklärter, liberaler, toleranter als das vergleichsweise verschwindend kleine Amt des Lord Chamberlain? Im Gegenteil, sie hat sich auf einen Grad der Absurdität reduziert, der eine katholische Universität zu einem Widerspruch in sich macht. Jede Zensur dient dazu, zu verhindern, dass jemand aktuelle Vorstellungen und bestehende Institutionen in Frage stellt. Jeder Fortschritt wird durch die Infragestellung aktueller Konzepte eingeleitet und durch die Ersetzung bestehender Institutionen umgesetzt. Folglich ist die erste Voraussetzung für Fortschritt die Beseitigung der Zensur. Hier finden Sie die ganzen Argumente gegen Zensur in aller Kürze.

Es stellt sich die Frage, ob es Theatermanagern erlaubt sein soll, ohne Rücksicht auf das öffentliche Interesse zu produzieren, was ihnen gefällt. Aber das ist nicht die Alternative. Die Manager unserer Londoner Musikhallen unterliegen keiner Zensur. Sie veranstalten ihre Unterhaltungen auf eigene Verantwortung und haben keine Zwei-Guinea-Zertifikate, auf die sie sich berufen könnten, wenn in ihren Häusern bösartiges Verhalten an den Tag gelegt wird. Sie wissen, dass der Bezirksrat die Verlängerung ihrer Lizenz am Ende des Jahres einfach ablehnen wird, wenn sie ihren Charakter verlieren. und nichts in der Geschichte der Populärkunst ist erstaunlicher als die Verbesserung der Musiksäle, die diese einfache Einrichtung innerhalb weniger Jahre hervorgebracht hat. Wenn man die Theater auf die gleiche Stufe stellt, wird es sofort zu einer ähnlichen Revolution kommen: Eine ganze Klasse offenkundig schamloser Theaterstücke, in denen skrupellose, niederträchtige Komiker Massen anlocken, um Scharen von Mädchen zu bestaunen, die außer ihrer Schönheit nichts zu zeigen haben, wird verschwinden die obszönen Lieder, die vor fünfzehn Jahren die schäbige, für die jüngere Generation unglaubliche Langeweile in den Musikhallen beleben sollten . Andererseits werden Stücke, die Sexualfragen als Denkanstöße statt als Aphrodisiaka behandeln, frei aufgeführt. Herren von der Denkweise von Herrn Redford werden reichlich Gelegenheit haben, im Rat dagegen zu protestieren; aber das Ergebnis wird sein, dass Herr Redford sein natürliches Niveau finden wird; Ibsen und Tolstoi gehören ihnen; es wird also kein Schaden entstehen.

Diese Frage der Zensur erinnert mich daran, dass ich mich bei denen entschuldigen muss, die kürzlich zur Aufführung von „ Mrs Warren's Profession" gingen und erwarteten, darin das zu finden, was ich gerade als Aphrodisiakum bezeichnet habe. Das war nicht meine Schuld; es war Mr. Redfords. Nach den Proben, die ich über die Toleranz seiner Abteilung gegeben habe, war es für gedankenlose Menschen selbstverständlich, zu dem Schluss zu kommen, dass ein Stück, das seine Zugeständnisse überschritt, in der Tat ein sehr aufregendes Stück sein musste. Dementsprechend finde ich, dass ein Kritiker die Natur seiner Enttäuschung so deutlich zum Ausdruck gebracht hat, dass er ganz offen gesagt hat: „Solch oberflächliches Gerede zu diesem Thema ist völlig unwürdig, als Darstellung dessen, was Menschen mit Blut im Blut denken oder tun, akzeptiert zu werden." solche Anlässe."
So bin ich zerquetscht zwischen dem oberen Mühlstein des Mr. Redford, der mich für einen Libertin hält, und dem unteren populären Kritiker, der mich für prüde hält. Kritiker aller Klassen und Altersstufen, Familienväter mittleren Alters ebenso wie glühende junge Enthusiasten, sind gleichermaßen empört über mich. Sie beschimpfen mich, weil es mir an Leidenschaft, Gefühl und Männlichkeit mangelt. Einige von ihnen bringen es sogar auf den Punkt, indem sie mir jegliche dramatische Kraft verweigern: ein melancholischer Verrat daran, was dramatische Kraft auf unserer Bühne unter der Zensur bedeutet! Kann man von mir erwarten, dass ich nicht lache über das Schauspiel einiger angesehener Herren, die sich darüber beklagen, dass ein Dramatiker sie mit dem Versprechen, ihre Sinne auf ganz besondere und sensationelle Weise zu erregen, ins Theater lockt und sie dann

erfolgreich in eine Ausnahmesituation lockt? Zahlen, ignoriert dann ihre Sinne und verbessert rücksichtslos ihren Verstand? Aber ich protestiere noch einmal, dass der Köder nicht von mir stammte. Das Stück war seit vier Jahren im Druck; und ich habe keine Mühen gescheut, um deutlich zu machen, dass meine Stücke nicht dazu gedacht sind, üppige Träumereien, sondern intellektuelles Interesse, keine romantische Rhapsodie, sondern menschliche Anteilnahme zu wecken. Dementsprechend kann ich nicht feststellen, dass Kritiker mit intellektuellem Appetit und politischem Gewissen sich über einen Mangel an dramatischer Kraft beschweren. Vielmehr protestieren sie, nicht ganz zu Unrecht, gegen einige Rückfälle in die Bühnenhaftigkeit und Karikatur, die den jungen Dramatiker und den alten Theaterbesucher in meinem frühen Werk verraten.

Was die Wollüstigen betrifft, kann ich ihnen versichern, dass der Dramatiker, ob er nun ich selbst oder ein anderer ist, sie immer enttäuschen wird. Das Drama kann wenig dazu beitragen, die Sinne zu erfreuen: Alle scheinbar gegenteiligen Beispiele sind Beispiele für die persönliche Faszination der Darsteller. Das Drama des reinen Gefühls liegt nicht mehr in den Händen des Dramatikers: Es wurde vom Musiker erobert, nach dessen Verzauberungen alle verbalen Künste kalt und zahm erscheinen. Romeo und Julia mit der schönsten Julia ist im Vergleich zu Wagners Tristan trocken, langweilig und rhetorisch, auch wenn Isolde, wie sie in Deutschland oft vorkommt, sowohl vierzehn Steine als auch vierzig ist. Tatsächlich bedurfte es keines Wagners, um das Publikum davon zu überzeugen. Die üppige Sentimentalität von Gounods Faust und Bizets Carmen hat den gewöhnlichen Theaterbesucher gefangen genommen; und es gibt schlichtweg keine Zukunft mehr für ein Drama ohne Musik außer dem Drama des Denkens. Der Versuch, eine Operngattung ohne Musik zu produzieren (und diese Absurdität ist es, worauf unsere modernen Theater seit langem drängen, ohne es zu wissen), ist weitaus weniger hoffnungsvoll als meine eigene Entschlossenheit, das Problem als normalen Stoff des Dramas zu akzeptieren.

Dass mich diese Entschlossenheit in einen langen Konflikt mit unseren Theaterkritikern und den wenigen Theaterbesuchern stürzen wird, die genauso oft ins Theater gehen wie die Kritiker, weiß ich wohl; Aber ich bin zu gut gerüstet, als dass der Streit dadurch abgeschreckt werden könnte oder dass ich gegenüber der Verliererseite Böswilligkeit hegen könnte. Bei dem Versuch, die sinnlichen Wirkungen der Oper hervorzurufen, ist das modische Drama in seiner Sentimentalität so schlaff geworden und der Intellekt seiner Besucher durch Nichtgebrauch so verkümmert, dass die Wiedereinführung des Problems mit seiner erbarmungslosen Logik und dem eisernen Faktengerüst unweigerlich dazu führt Zunächst ein überwältigender Eindruck von Kälte und unmenschlichem Rationalismus. Aber das wird bald vergehen. Wenn die intellektuelle Kraft und der moralische Nerv der Kritiker im Kampf mit modernen Problemstücken entwickelt sind, werden der kleinliche Luxus der Klugen und das mürrische Gefühl der benachteiligten Schwäche der Sentimentalen verschwinden; und man wird sehen, dass nur im Problemspiel ein wirkliches Drama liegt, denn Drama ist nicht nur die Ausrichtung der Kamera auf die Natur: Es ist die gleichnishafte Darstellung des Konflikts zwischen dem Willen des Menschen und seiner Umwelt: mit einem Wort: des Problems. Die Blödheit eines solchen Dramas, wie es die Pseudoopernstücke enthalten , liegt darin, dass in ihnen tierische Leidenschaft, sentimental verwässert, im Konflikt dargestellt wird, nicht mit realen Umständen, sondern mit einer Reihe von Konventionen und Annahmen, von denen die Hälfte nicht existiert die Bühne, während die andere Hälfte entweder durch den Vorwand der Fügsamkeit umgangen werden kann oder von jeder einigermaßen willensstarken Person völlig ungestraft herausgefordert werden kann. Niemand kann das Gefühl haben, dass solche Konventionen wirklich verpflichtend sind; und folglich kann niemand an das Bühnenpathos glauben, das sie als unaufhaltsames Schicksal akzeptiert, oder an die Echtheit der Menschen, die sich einem solchen Pathos hingeben. Wenn wir solchen Theaterstücken beiwohnen, glauben wir nicht: Wir täuschen. Und die Gewohnheit des Scheindenkens wird schließlich so tief verwurzelt, dass Kritik am Theater unmerklich aufhört, überhaupt Kritik zu sein, und mehr und mehr zu einer Chronik der modischen Unternehmungen der einzigen Realitäten wird, die noch auf der Bühne sind: nämlich der Darsteller in ihren eigenen Personen. In dieser Phase erzeugt der Dramatiker, der versucht, das echte Drama wiederzubeleben, den unangenehmen Eindruck des Pedanten, der versucht, in einem eleganten Zuhause eine ernsthafte Diskussion zu beginnen. Später, als er das Teeservice verdrängt und den Leuten, die das Theater als Salon nutzen wollten, klar gemacht hat, dass sie und nicht der Dramatiker die Eindringlinge sind, muss er sich dem Vorwurf stellen, dass seine Stücke Ignorieren Sie das menschliche Gefühl, eine Illusion, die durch genau den Widerstand von Tatsachen und Gesetzen gegen das menschliche Gefühl entsteht, der ein Drama erzeugt. Es ist der *Deus ex machina* , der, indem er diesen Widerstand aufhebt, den Fall des Vorhangs zu einer unmittelbaren Notwendigkeit macht, denn das Drama endet genau dort, wo der Widerstand endet. Doch die Einführung dieses Widerstands erzeugt heutzutage einen so starken Eindruck von Herzlosigkeit, dass ein angesehener Kritiker den Eindruck, den Mrs. Warrens Beruf auf ihn machte, mit der Aussage zusammenfasste: „Der Unterschied zwischen dem Geist von Tolstoi und dem Geist von Mr. Shaw ist der Unterschied zwischen dem Geist Christi und dem Geist Euklids." Aber das Epigramm wäre genauso gut, wenn Tolstois Name anstelle meines und D'Annunzios anstelle von Tolstoi eingesetzt würde. Gleichzeitig nehme ich das enorme Kompliment an mein

Denkvermögen mit aufrichtiger Selbstgefälligkeit entgegen; und ich verspreche meinem Schmeichler, dass er sowohl sehen als auch sehen wird, wenn er ausreichend an die Probleme auf der Bühne gewöhnt und daher nicht von ihnen beeindruckt ist, um sich sowohl um den vertrauten Faktor der Menschlichkeit darin als auch um den ungewohnten Faktor einer realen Umgebung kümmern zu können Ich habe das Gefühl, dass Mrs. Warrens Beruf kein bloßes Theorem ist, sondern ein Spiel von Instinkten und Temperamenten im Konflikt miteinander und mit einem heiklen sozialen Problem, das niemals einem bloßen Gefühl nachgibt.

Ich gehe noch weiter. Ich erkläre, dass das wahre Geheimnis des Zynismus und der Unmenschlichkeit, die mir oberflächlichere Kritiker vorwerfen, in der Unerwartetheit liegt, mit der sich meine Figuren wie Menschen verhalten, anstatt sich der romantischen Logik der Bühne anzupassen. Die Axiome und Postulate dieser tristen Mimanthropometrie sind so bekannt, dass es für ihre Sklaven fast unmöglich ist, erträgliche letzte Akte zu ihren Stücken zu schreiben, so dass ihre Schlussfolgerungen konventionell aus ihren Prämissen folgen. Weil ich diese Logik gnadenlos über Bord geworfen habe, wird mir vorgeworfen, nicht die Bühnenlogik, sondern ausgerechnet das menschliche Gefühl zu ignorieren. Menschen mit völlig theatralischer Fantasie sagen mir, dass kein Mädchen ihre Mutter so behandeln würde wie Vivie Warren, was bedeutet, dass in einem beliebten sentimentalen Stück keine Bühnenheldin dies tun würde. Sie sagen das genauso, wie sie sagen würden, dass keine zwei geraden Linien einen Raum einschließen würden. Sie erkennen nicht, wie völlig sich ihre Sichtweise verdreht hat, selbst wenn ich ihnen die Absurdität ins Gesicht schmeiße, wie ich es in diesem Stück immer wieder tue. Praed , der sentimentale Künstler (Dummkopf, dass ich ihn nicht zum Theaterkritiker statt zum Architekten machen sollte!) burleskiert sie, indem er während des gesamten Stücks erwartet, dass sich die Gefühle anderer aus ihren familiären Beziehungen und aus seinem „konventionell unkonventionellen" logisch ableiten lassen „Sozialgesetzbuch. Der Sarkasmus geht den Kritikern verloren: Sie sind von der gleichen Logik durchdrungen und halten ihn nur für den einzigen vernünftigen Menschen auf der Bühne. So kommt es, dass je vollständiger sich der Dramatiker von der Illusion emanzipiert, dass Männer und Frauen in erster Linie vernünftige Wesen seien, und je stärker er auf der rücksichtslosen Gleichgültigkeit ihres großen dramatischen Gegenspielers, der Außenwelt, gegenüber ihren Launen und Gefühlen besteht, umso sicherer muss man ihn als blind für die Unterscheidung anprangern, auf der sein gesamtes Werk aufbaut. Weit davon entfernt, Eigenart, Wille, Leidenschaft, Impuls und Laune als Faktoren menschlichen Handelns zu ignorieren, habe ich sie so unverblümt auf die Bühne gebracht, dass der ältere Bürger es gewohnt ist, sie mit dem Schleier der erfundenen Pflichtlogik bekleidet und zu verschleiern Sogar seinen eigenen Impulsen auf diese Weise entspringt das Bild, findet das Bild ebenso unnatürlich wie Carlyles vorgeschlagenes Gemälde eines Parlaments, das ohne seine Kleidung sitzt.

Ich komme nun zu den Kritikern, die, intellektuell verwirrt über das Problem in Mrs. Warrens Beruf, es sich zur Tugend gemacht haben, davonzulaufen. Ich werde ihre Methode durch ein Zitat von Dickens aus dem fünften Kapitel von Our Mutual Friend veranschaulichen:

"Saum!" begann Wegg . „Das, Herr Boffin und Lady, ist das erste Kapitel des ersten Wollume von Decline and Fall off –" Hier blickte er aufmerksam auf das Buch und hielt inne.

„Was ist los, Wegg ?"

„Mir fällt ein, wissen Sie, Sir", sagte Wegg mit einer Miene einschmeichelnder Offenheit (nachdem er sich das Buch zunächst noch einmal gründlich angeschaut hatte), „dass Sie heute Morgen einen kleinen Fehler gemacht haben, den ich beabsichtigt hatte setze dich richtig ein; Nur irgendetwas hat es aus meinem Kopf verbannt. Ich glaube, Sie haben Rooshan- Reich gesagt, Sir?"

„Es ist Rooshan ; nicht wahr , Wegg ?"

"Nein Sir. Römisch. Römisch."

„Was ist der Unterschied, Wegg ?"

„Der Unterschied, Sir?" Herr Wegg schwankte und drohte zusammenzubrechen, als ihm ein heller Gedanke durch den Kopf schoss. „Der Unterschied, Sir? Da bringen Sie mich in Schwierigkeiten, Herr Boffin . Es genügt zu bemerken, dass der Unterschied am besten auf einen anderen Anlass verschoben werden sollte, wenn Mrs Boffin beehrt uns nicht mit ihrer Gesellschaft. Bei Frau Boffins Anwesenheit, Sir, wir sollten besser darauf verzichten."

Herr So kam Wegg mit ziemlich ritterlicher Miene aus seinem Missstand heraus, und nicht nur das, sondern indem er mit männlicher Zartheit wiederholte: „In Mrs Boffins Anwesenheit, Sir, wir sollten besser darauf verzichten!" Boffin wurde benachteiligt , da er das Gefühl hatte, sich auf eine sehr schmerzhafte Art und Weise engagiert zu haben.

Ich bin bereit, Herrn Lassen Sie es unter diesen Bedingungen fallen, vorausgesetzt, ich darf hier erwähnen, dass „ Mrs. Warrens Beruf" ein Stück für Frauen ist; dass es für Frauen geschrieben wurde; dass es hauptsächlich durch die Entschlossenheit von Frauen durchgeführt und produziert wurde, dass es durchgeführt und produziert werden sollte; dass der Enthusiasmus der Frauen seinen ersten Auftritt zu einem aufregenden Erfolg machte; und dass keine dieser Frauen einen Anreiz hatte, es zu unterstützen, außer ihrem

Glauben an die Aktualität und die Kraft der Lektion, die das Stück lehrt. Diejenigen, die „überrascht waren, die anwesenden Damen zu sehen", waren Männer; und als sie dann erklärten, dass die von ihnen vertretenen Zeitschriften die Öffentlichkeit unmöglich durch die Beschreibung eines solchen Stücks demoralisieren könnten, widmeten ihre Herausgeber den durch ihre Zartheit gewonnenen Raum grausam einer ausführlichen und respektvollen Darstellung des Fortschritts des Versuchs eines jungen Lords, das Gesetz zu brechen Bank in Monte Carlo. Ein paar Tage früher wäre Mrs. Warren durch einen außergewöhnlich abscheulichen Polizeifall aus ihren Papieren gedrängt worden. Ich behaupte nicht, dass der Polizeifall hätte unterdrückt werden sollen; Aber ich glaube auch nicht, dass die Achtung der öffentlichen Moral irgendetwas damit zu tun hatte, dass sie es versäumt hatten, sich mit der Leistung der Stage Society auseinanderzusetzen. Und schließlich bestand kein Grund, auf Silas Weggs Ausflüchte zurückzugreifen . Mehrere Kritiker wahrten die Gesichter ihrer Aufsätze leicht, indem sie alles, was sie zu sagen hatten, im Tonfall einer schockierten Gouvernante sagten, die einem ungezogenen Kind eine Lektion erteilt. Ich könnte sie mit den Worten von Frau Warren bitten: „Nun, es ist nur gute Manieren, sich zu schämen, mein Lieber." Aber es überrascht mich, wenn ich mich an die Wirkung erinnere, die Miss Fanny Broughs Vortrag dieser Zeile hervorrief, dass Herren, die wie Veilchen im Zephyr zitterten, als dieser durch sie hinwegfegte, die volle Breite seiner Anwendung so völlig verpassten, dass sie nach Hause gingen und machen Sie sofort eine öffentliche Zurschaustellung gespielter Bescheidenheit.

Mein alter Intendant des Independent Theatre, Herr Grein, beklagt sich neben dem Vorwurf, dass ich seine Ideale zerstört habe, darüber, dass Mrs. Warren nicht böse genug sei, und nennt mehrere Liebesromantiker, die ihre schwarze Seele mit allen Schrecken der Tragödie bekleidet hätten. Ich habe keinen Zweifel daran; Aber bitte, mein lieber Grein, genau das wollte ich nicht tun. Nichts würde unserer scheinheiligen britischen Öffentlichkeit mehr gefallen, als die ganze Schuld an Frau Warrens Beruf auf Frau Warren selbst abzuwälzen . Das ganze Ziel meines Stücks besteht nun darin, diese Schuld auf die britische Öffentlichkeit selbst abzuwälzen. Sie erinnern sich vielleicht, dass bei der Inszenierung meines ersten Stücks „Widowers' Houses" genau das gleiche Missverständnis auftrat. Als sich der tugendhafte junge Herr im Zorn gegen den Slum-Vermieter erhob, zeigte ihm der Slum-Vermieter sehr wirkungsvoll, dass Slums nicht das Produkt einzelner Harpagons sind , sondern der Gleichgültigkeit tugendhafter junger Herren gegenüber dem Zustand der Stadt, in der sie leben. Vorausgesetzt, sie leben am Westende von Geld, das sie durch die Arbeit anderer verdienen. Die Vorstellung, dass Prostitution durch die Bosheit von Mrs. Warren entsteht, ist ebenso albern wie die – allerdings teilweise in Temperance-Kreisen vorherrschende – Vorstellung, dass Trunkenheit durch die Bosheit des Wirts entsteht. Mrs. Warren ist keineswegs schlechter als die angesehene Tochter, die sie nicht ertragen kann. Ihre Gleichgültigkeit gegenüber den letztendlichen sozialen Konsequenzen ihrer Art, Geld zu verdienen, und ihre Entdeckung dieser Mittel durch die gewöhnliche Methode, den Weg des geringsten Widerstands zu gehen, um Geld zu verdienen, sind in der englischen Gesellschaft zu häufig, als dass sie einer besonderen Bemerkung bedarf. Ihre Vitalität, ihre Sparsamkeit, ihre Energie, ihre Offenheit, ihre kluge Fürsorge für ihre Tochter und die Führungsqualitäten, die es ihr und ihrer Schwester ermöglicht haben, vom Bratfischladen unten an der Mint zu den Betrieben aufzusteigen, mit denen sie prahlt, sind es Allesamt hohe englische soziale Tugenden. Ihre Selbstverteidigung ist so überwältigend, dass sie die St. James Gazette dazu veranlasst, zu erklären, dass „die Tendenz des Stücks völlig böse ist", weil „es eine der kühnsten und fadenscheinigsten Verteidigungen eines unmoralischen Lebens für arme Frauen enthält, die es je gegeben hat." verfasst." Glücklicherweise spricht die St. James Gazette hier in ihrer Eile. Frau Warrens Selbstverteidigung ist nicht nur kühn und fadenscheinig, sondern auch berechtigt und unbeantwortbar. Aber es ist überhaupt keine Verteidigung des Lasters, das sie organisiert. Es ist keine Verteidigung eines unmoralischen Lebens, wenn man sagt, dass die Alternative, die die Gesellschaft armen Frauen gemeinsam bietet, ein elendes Leben ist, ausgehungert, überarbeitet, stinkend, kränklich, hässlich. Obwohl es für Frau Warren ganz natürlich und RICHTIG ist, die ihrer Ansicht nach am wenigsten unmoralische Alternative zu wählen, ist es dennoch in der Gesellschaft berüchtigt, solche Alternativen anzubieten. Denn die angebotenen Alternativen sind nicht Moral und Unmoral, sondern zwei Arten von Unmoral. Der Mann, der nicht erkennen kann, dass Hunger, Überarbeitung, Schmutz und Krankheit genauso unsozial sind wie Prostitution – dass sie die Laster und Verbrechen einer Nation sind und nicht nur ihr Unglück –, ist (um es so höflich wie möglich auszudrücken) ein hoffnungslos Privatperson.

Die Vorstellung, dass Mrs. Warren eine Teufelin sein muss, ist nur ein Beispiel für die Gewalt und Leidenschaft, die die geringste Erwähnung von Sex in undisziplinierten Köpfen hervorruft und die es unseren Gesetzgebern als selbstverständlich erscheinen lässt, dumme und unbedeutende Unanständigkeiten mit einer im Umgang unbekannten Wildheit zu bestrafen mit zum Beispiel ruinösem Finanzbetrug. Hätte mein Stück den Titel „Mr. Warrens Beruf" gehabt und wäre Mr. Warren ein Buchmacher gewesen, hätte niemand erwartet, dass ich ihn auch zum Bösewicht machen würde. Doch Glücksspiel ist ein Laster und Buchmacherei eine Institution, über die es absolut nichts zu sagen gibt. Das moralische und wirtschaftliche Übel, das durch den Versuch entsteht, an das Geld anderer Leute zu kommen, ohne dafür zu arbeiten (und das ist das Wesen des Glücksspiels), ist nicht nur enorm, sondern auch unentschädigt. Es gibt keine zwei Seiten in der Frage des Glücksspiels, keine Umstände, die uns dazu zwingen, es zu tolerieren, damit seine Unterdrückung nicht zu Schlimmerem führt, kein Konsens unter verantwortungsbewussten Klassen wie Richtern und Militärkommandanten darüber, dass es eine Notwendigkeit ist, kein Athener Aufzeichnungen über Glücksspiele, die durch die Talente ihrer Professoren glorreich gemacht wurden, keine Behauptung, dass es, statt gegen die Moral zu verstoßen, lediglich eine Rechtsinstitution verletzt, die in vielerlei Hinsicht unterdrückerisch und unnatürlich ist, keine mögliche Einrede, dass der Instinkt, auf dem es basiert, lebenswichtig sei. Prostitution kann das Problem mit all diesen Ausreden verwirren: Beim Glücksspiel gibt es keine davon. Wenn also Frau Warren ein Dämon sein muss, muss ein Buchmacher ein Kakodemon sein. Glaubt jemand, der die Welt des Sports kennt, wirklich, dass Buchmacher schlechter sind als ihre Nachbarn? Im Gegenteil: Sie müssen um einiges besser sein; denn in dieser Welt würde fast jeder, dessen sozialer Rang einen solchen Beruf nicht ausschließt, Buchmacher sein, wenn er könnte; Aber die Charakterstärke, mit großen Geldbeträgen umzugehen, strikte Abrechnungen vorzunehmen und Verluste kompromisslos zu begleichen, ist so selten, dass auch erfolgreiche Buchmacher selten sind. Es mag den Anschein haben, dass zumindest der Gemeinsinn nicht zu den Tugenden eines Buchmachers gehören kann; Aber ich kann aus eigener Erfahrung bezeugen, dass mit den von Buchmachern gezeichneten Geldern hervorragende öffentliche Arbeit geleistet wird. Es stimmt, dass es in der Buchmacherei Abgründe gibt: zum Beispiel beim Welshing. Herr Grein weist darauf hin, dass es auch im Beruf von Frau Warren Abgründe gibt . So gibt es in jedem Beruf: Der Fehler liegt in der Annahme, dass jeder seiner Angehörigen diese Tiefen erkundet. Ich sitze in einer öffentlichen Einrichtung, die Frau Warren eifrig verfolgt; und ich kann Herrn Grein versichern, dass ihr oft nachsichtig begegnet wird, weil sie ihr Geschäft „respektabel" geführt hat und sich über die übelsten Branchen erhob. Die Grade der Schande sind ebenso zahlreich und werden ebenso gewissenhaft eingehalten wie die Grade im Adelsstand: Die Vorstellung des Moralisten, dass es Tiefen gibt, in denen die moralische Atmosphäre aufhört, ist ebenso trügerisch wie die Vorstellung des reichen Mannes, dass es unter ihnen weder soziale Eifersüchte noch Snobismus gibt arm. Nein: Hätte ich Mrs. Warren als einen Unhold in Menschengestalt dargestellt, würden wahrscheinlich genau die Leute, die mich jetzt dafür tadeln, dass ich ihr schmeichele, mich als Erste verspotten, weil ich ihren Charakter logisch aus dem Beruf abgeleitet habe, anstatt ihn in der Gesellschaft genau zu beobachten.

Ein Kritiker ist von dieser Art von Logik so versklavt, dass er mein Porträt von Reverend Samuel Gardner als Angriff auf die Religion bezeichnet.

Nach dieser Ansicht ist Subaltern Jago ein Angriff auf die Armee, Sir John Falstaff ein Angriff auf das Rittertum und König Claudius ein Angriff auf das Königshaus. Auch hier ist der Ruf nach Natürlichkeit und menschlichem Gefühl, den so viele Kritiker erheben, wenn sie mit der Realität auf der Bühne konfrontiert werden, in Wirklichkeit ein Ruf nach der mechanischsten und oberflächlichsten Art von Logik. Der dramatische Grund dafür, den Geistlichen zu dem zu machen, was Mrs. Warren als „alten Steckenpferd" bezeichnet, dessen Sohn trotz seiner großen Fähigkeiten und seines Charmes ein zynisch wertloses Mitglied der Gesellschaft ist, besteht darin, einen beißenden Kontrast zwischen ihnen herzustellen er und die Frau aus dem berüchtigten Beruf, mit ihrer gut erzogenen, unkomplizierten, fleißigen Tochter. Die Kritiker, die den Kontrast übersehen haben, haben zweifellos oft genug beobachtet, dass viele Geistliche nicht aus echter Berufung in die Kirche eintreten, sondern einfach deshalb, weil sie in Kreisen, die Vorrang haben können, die Zuflucht des „Narren der Familie" ist; und dass die Söhne von Geistlichen oft auffällige Reaktionisten gegen die Beschränkungen sind, die ihnen in der Kindheit durch den Beruf ihres Vaters auferlegt wurden. Diese Kritiker müssen aus der Geschichte, wenn nicht aus Erfahrung, auch wissen, dass so skrupellose Frauen wie Frau Warren sich als Verwalterinnen und Herrscherinnen hervorgetan haben, sowohl kommerziell als auch politisch. Aber sowohl Beobachtung als auch Wissen bleiben zurück, wenn Journalisten ins Theater gehen. Sobald sie in ihren Ständen angekommen sind, gehen sie davon aus, dass es „natürlich" sei, dass Geistliche heilig seien, dass Soldaten heldenhaft seien, dass Anwälte hartherzig seien, dass Matrosen einfach und großzügig seien und dass Ärzte mit Fläschchen Wunder vollbrächten. und dass Frau Warren ein Biest und ein Dämon ist. Das alles ist nicht nur unnatürlich, sondern auch nicht dramatisch. Der Beruf eines Menschen wird nur dann zum Drama seines Lebens, wenn er mit seiner Natur in Konflikt gerät. Das Ergebnis dieses Konflikts ist im Fall von Frau Warren tragisch und im Fall des Geistlichen komisch (zumindest sind wir wild genug, darüber zu lachen); aber in beiden Fällen ist es unlogisch und in beiden Fällen natürlich. Ich wiederhole: Die Kritiker, die mir vorwerfen, ich würde die Natur der Logik opfern, sind von ihrem Beruf her so kultiviert, dass für sie Logik Natur und Natur Absurdität ist.

Viele freundliche Kritiker sind in sozialen Fragen und moralischen Diskussionen zu wenig versiert, um sich vorstellen zu können, dass respektable Herren wie sie, die sofort die Polizei rufen würden, um Mrs. Warren zu entfernen, wenn sie es wagen würde, sie persönlich zu befragen, möglicherweise in irgendeiner Weise dafür verantwortlich sein könnten ihr Verfahren. Sie protestieren aufrichtig und fragen mich, was solch schmerzhafte Entblößungen wohl bewirken können. Sie könnten genauso gut fragen, was der gute Lord Shaftesbury getan hat, als er sein Leben der Aufdeckung von Übeln gewidmet hat (die noch keineswegs behoben sind), im Vergleich dazu sind die schlimmsten Dinge, die dieses Stück ans Licht bringt oder sogar vermutet, Kleinigkeiten. Das Gute daran, sie zu erwähnen, besteht darin, dass man damit bei den Menschen ein so großes Unbehagen hervorruft, dass sie endlich aufhören, die „menschliche Natur" für sie verantwortlich zu machen, und beginnen, Maßnahmen zu ihrer Reform zu unterstützen.

Kann es etwas Absurderes geben als das Exemplar von „The Echo", das einen Hinweis auf die Aufführung meines Stücks enthält? Es wird von einem Gentleman herausgegeben, der sein Leben Arbeiten vom Typ Shaftesbury gewidmet hat und in jeder Kolumne bis auf eine gesellschaftliche Missstände aufdeckt und deren Reform fordert; und dieser beschäftigt sich mit der Erklärung des freundlichen Theaterkritikers der Zeitung, dass ihn die Aufführung „in die Frage versetzt habe, welchen nützlichen Zweck das Stück erfüllen sollte". Das Gleichgewicht muss durch die modischeren Zeitungen wiederhergestellt werden, die in der Regel kompetente Kunstkritik mit West-End-Expertise zu Politik und Soziologie verbinden. Es ist jedoch sehr bemerkenswert, wenn man die Presseexplosion, die 1902 durch „ Mrs Warren's Profession" hervorgerufen wurde, mit der durch „Widowers' Houses" etwa zehn Jahre zuvor hervorgerufenen vergleicht, dass im Jahr 1892 die Fakten hektisch geleugnet und die Personen des Dramas als Ungeheuer verachtet wurden Bosheit, 1902 werden die Tatsachen zugegeben und die Charaktere anerkannt, obwohl vermutet wird, dass dies genau der Grund ist, warum kein Gentleman sie öffentlich erwähnen sollte. Nur ein einziger Autor hat es dieses Mal gewagt anzudeuten, dass die von Frau Warren erwähnte Armut inzwischen stillschweigend gelindert wurde und nicht wieder ins Rampenlicht gerückt werden musste. Ich beglückwünsche ihn zu seiner großartigen Verlogenheit, bei der er keine Unterstützung findet, außer durch eine kleine Bitte in einer Theaterzeitung, die unschuldig genug ist, zu glauben, dass zehn Guineen im Jahr mit Kost und Logis ein unglaublich niedriger Lohn für eine Bardame seien. Weiter wird Herr Charles Booth zitiert, der ausgesagt hat, dass es viele Arbeiterfrauen gibt, die mit achtzehn Schilling pro Woche glücklich und zufrieden sind. Aber ich selbst kann noch weiter gehen. Ich habe die Frau eines Landarbeiters aus Oxford gesehen, die mit acht Schilling pro Woche gut aussah; Aber das tröstet mich nicht darüber, dass die Landwirtschaft in England ein ruinierter Wirtschaftszweig ist. Wenn Armut keine Rolle spielt, solange sie befriedigt wird, dann spielt Kriminalität keine Rolle, solange sie skrupellos ist. Die Wahrheit ist, dass es erst dann wirklich wichtig ist. Viele Menschen fühlen sich wohler, wenn sie schmutzig sind, als wenn sie sauber sind; aber das empfiehlt Schmutz nicht als nationale Politik.

Hier muss ich vorerst meine mühsame Aufklärungsarbeit für die Presse unterbrechen. Wir werden unsere Studien später wieder aufnehmen; aber gerade jetzt bin ich es leid, den Lehrer zu spielen; und der eifrige Durst meiner Schüler nach Verbesserung tröstet mich nicht über die Langsamkeit ihrer Fortschritte. Außerdem muss ich mir Raum reservieren, um meine eigene Eitelkeit zu befriedigen und den sechs Künstlern, die mein Stück aufgeführt haben, gerecht zu werden, indem ich den bisher nicht dokumentierten Erfolg der ersten Aufführung aktenkundig mache. Es kommt nicht oft vor, dass ein Autor nach ein paar Stunden des seltenen Wechsels von Aufregung und intensiver aufmerksamer Stille, die im Theater nur dann auftreten, wenn Schauspieler und Publikum aufs Äußerste reagieren, die Bühne betreten kann Wenden Sie das starke Wort „Genie" auf die Darstellung an, mit der Gewissheit, beim Publikum eine sofortige und überwältigende Zustimmung hervorzurufen. Das war mein Glück am Sonntagnachmittag, dem fünften Januar letzten Jahres. Ich hatte sicherlich großes Glück mit meinen Dolmetschern im Unternehmen, und das nicht nur hinsichtlich ihrer künstlerischen Begabung; Denn ohne ihre übermenschliche Geduld, ihre unerschütterliche gute Laune und gute Kameradschaft hätte es keine Aufführung geben können. Der Schrecken der Macht des Zensors bereitete uns genug Schwierigkeiten, um jedes gewöhnliche Handelsunternehmen zu zerstören. Die Manager versprachen und engagierten uns sogar ihre Theater, nachdem sie uns ausdrücklich gewarnt hatten, dass das Stück nicht lizenziert sei, und erkannten im letzten Moment plötzlich, dass Mr. Redfords Lebensunterhalt in der Hand lag, und machten einen Rückzieher. Immer wieder wurden Datum und Ort festgelegt und die Eintrittskarten gedruckt, nur um dann storniert zu werden, bis der verzweifelte und überarbeitete Manager der Stage Society schließlich nur noch lachen konnte, wie früher am Steuer gebrochene Kriminelle beim zweiten Schlag lachten. Wir haben unter großen Schwierigkeiten geprobt. Überall wurden Weihnachtsstücke und Theaterstücke für das neue Jahr produziert; und meine sechs Schauspielerkollegen waren vielbeschäftigte Leute, die zusätzlich zu ihrer aktuellen beruflichen Arbeit jeden Abend Engagements in diesen Stücken hatten. An mehreren rauen Wintertagen waren Probenbühnen selbst für die angesehensten Bewerber unerreichbar; und wir teilten Flure und Saloons mit ihnen, während die Bühne den Kindern überlassen wurde, die für den Boxabend trainierten. Schließlich mussten wir zu einer Stunde proben , zu der seit Menschengedenken kein Schauspieler oder keine Schauspielerin aufgestanden ist; und wir gratulierten einander jeden Morgen süffisant zu unserem rosigen Morgenaussehen und der Verbesserung, die unser frühes Aufstehen für unsere Gesundheit und unseren Charakter bewirkte. Und das alles, bitte beachten Sie, für eine Gesellschaft ohne Staatskasse oder kommerzielles Prestige, für ein Stück, das von vornherein als nicht erwähnenswert angeprangert wurde, für einen Autor ohne Einfluss auf die Modetheater! Ich fordere die West End-Manager siegreich heraus, so viel wie möglich aus Interessengründen zu erreichen, wenn sie können.

Drei Gründe machten die Produktion zu der bemerkenswertesten, die mir je zuteil wurde. Erstens das Veto des Zensors, das die Anhänger des Stücks auf die Probe stellte. Zweitens, die Ritterlichkeit der Stage Society, die trotz meines dringenden gegenteiligen Ratschlags und meiner Demonstration der Schwierigkeiten, Gefahren und Kosten, die das Unternehmen kosten würde, meine Entmutigung zunichte machte und beschloss, um jeden Preis zu kämpfen zum Versuch der Zensur, das Stück zu unterdrücken. Drittens der künstlerische Geist der Schauspieler, die sich das Stück zu eigen machten und es trotz einer Reihe von Enttäuschungen und Ärgernissen triumphierend durchführten, die das dramatische Temperament viel mehr belasteten als bloße Schwierigkeiten.

Auch die Schauspielerei erforderte Mut und Charakter sowie Geschick und Intelligenz. Das Veto des Zensors brachte ein ganz neues Element moralischer Verantwortung in das Unternehmen ein. Und die Charaktere waren auf der englischen Bühne sehr ungewöhnlich. Die jüngere Heldin ist wie ihre Mutter eine Engländerin durch und durch und nicht wie die Heldinnen unseres Modedramas eine Primadonna italienischer Herkunft. Daher war es sicher, dass sie von den Kritikern als unnatürlich und undramatisch angeprangert wurde. Der bösartigste Mann im Stück ist nicht im Geringsten ein Bühnenschurke; tatsächlich betrachtet er seinen eigenen moralischen Charakter mit der aufrichtigen Selbstzufriedenheit eines Helden des Melodramas. Der liebenswürdige Anhänger von Romantik und Schönheit wird in einem Alter gezeigt, das die Sinnlosigkeit deutlich macht , die diese Kulte hervorrufen können, wenn sie zum Grundnahrungsmittel des Lebens und nicht zur Soße gemacht werden. Die Haltung der klugen jungen Leute gegenüber ihren Ältesten wird getreulich als eine Haltung gnadenloser Lächerlichkeit und unsympathischer Kritik dargestellt und bildet ein unglaubliches Schauspiel für diejenigen, die in jungen Jahren nicht klüger waren als ihre nächsten Ältesten, und schmerzhaft für die sentimentalen Eltern, die zurückschrecken von der Grausamkeit der Jugend, die nichts verzeiht, weil sie nichts weiß. Kurz gesagt, die Charaktere und ihre Beziehungen sind von einer Art, die der routinierte Kritiker noch nicht einzuordnen weiß; so dass ihr Missverständnis eine ausgemachte Sache war. Dennoch gab es hinter dem Vorhang kein Zögern. Als es endlich hinaufging, offenbarte sich eine viel zu kleine Bühne für das Ensemble und ein viel zu kleiner Zuschauerraum für das Publikum. Aber obwohl es den Spielern unmöglich war, ihr eigenes Unbehagen zu vergessen, ließen sie die Zuschauer das ihre sofort vergessen. Es war sicherlich ein vorbildliches Publikum, das von der ersten bis zur letzten Zeile ansprechbar war; und es bekam im Gegenzug nicht weniger, als es verdiente.

Ich muss mit Bedauern hinzufügen, dass die zweite Aufführung, die zur Erbauung der London Press und der Mitglieder der Stage Society gegeben wurde, die nicht an den Sonntagsvorstellungen teilnehmen können, weniger inspirierend war als die erste. Eine feste Phalanx von Theatermüden und nachmittags humorvollen Journalisten, die sich zumeist der unversöhnlichen Verunglimpfung von Problemstücken verschrieben haben und alle der Etikette verpflichtet sind, möglichst unauffällig zu sein, ist nicht gerade die Art von Publikum, die sich auf die Darsteller erhebt und heilt sie von der unvermeidlichen Reaktion nach einer aufregend erfolgreichen ersten Nacht. Die Natur des Künstlers ist sensibel und daher rachsüchtig; und meisterhafte Spieler haben die Art, mit einem widerspenstigen Publikum umzugehen, indem sie ihnen ein Stück in den Mund legen, anstatt es damit zu erfreuen. Ich würde die zweite Aufführung von Mrs. Warrens Profession, vor allem im Hinblick auf die früheren Phasen, als entschieden eingeschliffen bezeichnen . Das Reiben war zweifellos heilsam; aber es muss einigen der dünneren Häute wehgetan haben. Der Charme der leichteren Passagen verschwand; und die starken Szenen erfüllten, obwohl sie wieder alles vor sich hatten, ihre Pflicht auf grimmige Weise, indem sie den Feind hinrichteten, anstatt ihn zur Reue und zum Geständnis zu bewegen. Dennoch war der Effekt für diejenigen, die die Uraufführung nicht gesehen hatten, ausreichend beeindruckend; und sie hatten den Vorteil, Zeuge einer neuen Entwicklung bei Mrs. Warren zu werden, die, meiner Meinung nach, aus künstlerischer Eifersucht auf die überwältigende Wirkung des Endes des zweiten Aktes am Vortag, sich in ganz neuer Weise in den vierten Akt stürzte und schaffte das scheinbar Unmögliche, sich selbst zu übertreffen. Die Komplimente, die die Kritiker Miss Fanny Brough machen, so lobend sie auch sein mögen, sind die Komplimente von Männern, die zu drei Vierteln getäuscht wurden, so wie Partridge von Garrick getäuscht wurde. Sie waren von einem Großteil ihrer Schauspielerei so völlig fasziniert, dass sie es überhaupt nicht als Schauspielerei erkannten. Tatsächlich ist keiner der sechs Spieler dieser Konsequenz seiner eigenen Gründlichkeit ganz entgangen. Unter den weniger erfahrenen Kritikern gab es eine deutliche Tendenz, sich über ihre Gefühle und ihr Verhalten zu beschweren. Natürlich teilt der Autor diesen Unmut nicht.

PICCARDS COTTAGE, JANUAR 1902.

FRAU WARRENS BERUF

[Mrs Warren's Profession wurde am 5. und 6. Januar 1902 zum ersten Mal im Theater des New Lyric Club in London aufgeführt, mit Madge McIntosh als Vivie, Julius Knight als Praed , Fanny Brough als Mrs Warren und Charles Goodhart als Crofts , Harley Granville-Barker als Frank und Cosmo Stuart als Reverend Samuel Gardner.]

AKT I

[Sommernachmittag in einem Bauerngarten am Osthang eines Hügels etwas südlich von Haslemere in Surrey. Wenn man den Hügel hinaufschaut, sieht man in der linken Ecke des Gartens das Cottage mit seinem Strohdach und der Veranda sowie einem großen Gitterfenster links von der Veranda. Ein Zaun schließt den Garten vollständig ab, mit Ausnahme eines Tors auf der rechten Seite. Der Gemeindegarten steigt hinter dem Zaun bergauf bis zur Horizontlinie an. Einige zusammengeklappte Gartenstühle aus Segeltuch lehnen an der Seitenbank in der Veranda. Das Fahrrad einer Dame lehnt an der Wand unter dem Fenster. Etwas rechts von der Veranda hängt eine Hängematte an zwei Pfosten. Ein großer, im Boden festgesteckter Segeltuchschirm hält die Hängematte vor der Sonne ab, in der eine junge Dame liest und sich Notizen macht, den Kopf zum Cottage und die Füße zum Tor gerichtet. Vor der Hängematte und in Reichweite ihrer Hand steht ein gewöhnlicher Küchenstuhl mit einem Stapel ernst aussehender Bücher und einem Vorrat an Schreibpapier darauf.]

[Hinter der Hütte kommt ein Herr in Sicht, der auf dem Gemeinschaftsgrund spaziert. Er hat kaum das mittlere Alter überschritten, hat etwas Künstlerisches an sich, ist unkonventionell, aber sorgfältig gekleidet und bis auf einen Schnurrbart glattrasiert, mit einem eifrigen, empfänglichen Gesicht und sehr liebenswürdigen und rücksichtsvollen Manieren. Er hat seidiges schwarzes Haar mit grauen und weißen Wellen darin. Seine Augenbrauen sind weiß, sein Schnurrbart schwarz. Er scheint sich seines Weges nicht sicher zu sein. Er blickt über die Zaunlatten; macht eine Bestandsaufnahme des Ortes; und sieht die junge Dame.]

DER HERR (nimmt seinen Hut ab): Ich bitte um Verzeihung. Können Sie mir den Weg zu Hindhead View – Mrs. Alison's weisen?

DIE JUNGE DAME [blickt von ihrem Buch auf] Das ist das von Frau Alison. [Sie nimmt ihre Arbeit wieder auf].

DER GENTLEMAN. In der Tat! Vielleicht – darf ich fragen, sind Sie Miss Vivie Warren?

DIE JUNGE DAME [scharf, als sie sich auf den Ellbogen dreht, um ihn gut sehen zu können] Ja.

DER HERR (entmutigt und versöhnlich): Ich fürchte, ich wirke aufdringlich. Mein Name ist Praed . [Vivie wirft sofort ihre Bücher auf den Stuhl und steigt aus der Hängematte.] Oh, bitte, lass mich dich nicht stören.

VIVIE (schreitet zum Tor und öffnet es für ihn): Treten Sie ein, Herr Gepraed . [Er kommt herein]. Froh dich zu sehen. [Sie bietet ihre Hand an und ergreift seine mit entschlossenem und herzlichem Griff. Sie ist ein attraktives Exemplar der vernünftigen, fähigen und hochgebildeten jungen Engländerin der Mittelklasse. Alter 22. Schnell, stark, selbstbewusst, selbstbeherrscht. Schlichtes Geschäftskleid, aber nicht altmodisch. Sie trägt ein Chatelaine am Gürtel, an dessen Anhängern sich ein Füllfederhalter und ein Büromesser befinden.

Gelobt. Sehr nett von Ihnen, Miss Warren. [Sie schließt das Tor mit einem kräftigen Knall. Er geht in die Mitte des Gartens und trainiert seine Finger, die durch ihre Begrüßung leicht taub sind. Ist deine Mutter angekommen?

VIVIE (schnell, wittert offensichtlich Aggression) Kommt sie?

PRAED [überrascht] Hast du nicht mit uns gerechnet?

VIVIE. NEIN.

Gelobt. Nun, meine Güte, ich hoffe, ich habe mich heute nicht geirrt. Das wäre genau wie ich, wissen Sie. Deine Mutter hat dafür gesorgt, dass sie aus London kommt und ich aus Horsham rüberkomme, um dir vorgestellt zu werden.

VIVIE [überhaupt nicht erfreut] Stimmt das? Hm! Meine Mutter hat eine ziemliche Kunst, mich zu überraschen – um zu sehen, wie ich mich verhalte, während sie weg ist, nehme ich an. Ich glaube, dass ich meine Mutter eines Tages sehr überraschen werde, wenn sie Vorkehrungen trifft, die mich betreffen, ohne mich vorher zu befragen. Sie ist nicht gekommen.

PRAED [verlegen] Es tut mir wirklich sehr leid.

VIVIE (schüttelt ihren Unmut ab) Es ist nicht Ihre Schuld, Herr Praed , oder? Und ich freue mich sehr, dass du gekommen bist. Du bist der einzige Freund meiner Mutter, den ich je zu einem Besuch mitgebracht habe.

PRAED [erleichtert und erfreut] Oh, das ist wirklich sehr nett von Ihnen, Miss Warren!

VIVIE. Kommst du rein? Oder möchtest du lieber hier draußen sitzen und reden?

Gelobt. Hier draußen wird es schöner sein, meinst du nicht?

VIVIE. Dann gehe ich und hole dir einen Stuhl. [Sie geht auf die Veranda, um einen Gartenstuhl zu holen].

PRAED [folgt ihr] Oh, bete, bete! Erlaube mir. [Er legt die Hände auf den Stuhl].

VIVIE (lässt ihn nehmen) Pass auf deine Finger auf; Das sind ziemlich zwielichtige Dinger, diese Stühle. [Sie geht zu dem Stuhl mit den Büchern darauf; wirft sie in die Hängematte; und bringt den Stuhl mit einem Schwung nach vorne].

PRAED [der gerade seinen Stuhl aufgeklappt hat] Oh, jetzt lass mich diesen harten Stuhl nehmen. Ich mag harte Stühle.

VIVIE. Ich auch. Setzen Sie sich, Herr Gepraed . [Sie spricht diese Einladung mit freundlicher Entschlossenheit aus. Sein Bemühen, ihr zu gefallen, erscheint ihr deutlich als Zeichen seiner Charakterschwäche. Aber er gehorcht nicht sofort.

Gelobt. Wären wir übrigens nicht besser zum Bahnhof gegangen, um deine Mutter abzuholen?

VIVIE [kühl] Warum? Sie kennt den Weg.

PRAED [verwirrt] Ähm – ich nehme an, sie tut es [er setzt sich].

VIVIE. Weißt du, du bist genau so, wie ich es erwartet habe. Ich hoffe, dass Sie bereit sind, mit mir befreundet zu sein.

PRAED [strahlt erneut] Vielen Dank, meine *liebe* Miss Warren; Danke. Liebe mich! Ich bin so froh, dass deine Mutter dich nicht verwöhnt hat !

VIVIE. Wie?

Gelobt. Nun, es macht dich zu konventionell. Wissen Sie, meine liebe Miss Warren, ich bin eine geborene Anarchistin. Ich hasse Autorität. Es zerstört die Beziehungen zwischen Eltern und Kind; sogar zwischen Mutter und Tochter. Jetzt hatte ich immer Angst, dass deine Mutter ihre Autorität überstrapazieren würde, um dich sehr konventionell zu machen. Es ist eine große Erleichterung, festzustellen, dass sie es nicht getan hat .

VIVIE. Oh! Habe ich mich unkonventionell verhalten?

Gelobt. Oh nein, oh je, nein. Zumindest nicht konventionell unkonventionell, verstehen Sie? [Sie nickt und setzt sich. Er fährt mit einem herzlichen Ausbruch fort: „Aber es war so reizend von Ihnen zu sagen, dass Sie bereit waren, mit mir befreundet zu sein!“ Ihr modernen jungen Damen seid großartig: vollkommen großartig!

VIVIE [zweifelnd] Äh? [beobachtet ihn mit dämmernder Enttäuschung über die Qualität seines Gehirns und Charakters].

Gelobt. Als ich in deinem Alter war, hatten junge Männer und Frauen Angst voreinander: Es gab keine gute Gemeinschaft. Nichts Echtes. Nur aus Romanen übernommene Galanterie, und zwar so vulgär und affektiert, wie sie nur sein konnte. Mädchenhafte Reservation! Gentleman-Ritterlichkeit! Sag immer nein, wenn du ja meintest! einfaches Fegefeuer für schüchterne und aufrichtige Seelen.

VIVIE. Ja, ich kann mir vorstellen, dass es eine furchtbare Zeitverschwendung gewesen sein muss. Besonders Frauenzeit.

Gelobt. Oh, Verschwendung von Leben, Verschwendung von allem. Aber die Dinge verbessern sich. Wissen Sie, seit Ihren großartigen Leistungen in Cambridge war ich voller Vorfreude auf die Begegnung mit Ihnen: etwas, was zu meiner Zeit noch nie dagewesen war. Es war absolut großartig, Ihr Duell mit dem dritten Wrangler. Genau der richtige Ort, wissen Sie. Der erste Streiter ist immer ein verträumter, krankhafter Kerl, bei dem die Sache bis zur Krankheit getrieben wird.

VIVIE. Es zahlt sich nicht aus. Für das gleiche Geld würde ich es nicht noch einmal machen.

PRAED [entsetzt] Das gleiche Geld!

VIVIE. Ja. Fünfzig Pfund. Vielleicht wissen Sie nicht, wie es war. Mrs. Latham, meine Tutorin in Newnham, sagte meiner Mutter, dass ich mich in den mathematischen Tripos auszeichnen könnte, wenn ich mich ernsthaft darauf einlasse. In diesem Moment waren die Zeitungen voll davon, dass Phillipa Summers den Senior Wrangler besiegte. Du erinnerst dich natürlich daran.

PRAED [schüttelt energisch den Kopf]!!!

VIVIE. Nun, jedenfalls tat sie es; und nichts würde meiner Mutter gefallen, als dass ich dasselbe tun würde. Ich sagte rundheraus, dass es sich für mich nicht lohnte, mich der Herausforderung zu stellen, da ich nicht als Lehrerin arbeiten wollte; aber ich bot an, es für etwa fünfzig Pfund mit dem vierten Wrangler zu versuchen. Daraufhin schloss sie sich mir an, nachdem sie ein wenig gemurrt hatte; und ich war besser als mein Schnäppchen. Aber dafür würde ich es nicht noch einmal machen. Zweihundert Pfund wären der Marke näher gekommen.

PRAED [stark gedämpft] Herr segne mich! Das ist eine sehr praktische Sichtweise.

VIVIE. Haben Sie erwartet, dass ich eine unpraktische Person bin?

Gelobt. Aber sicherlich ist es sinnvoll, nicht nur die Arbeit zu berücksichtigen, die diese Ehrungen kosten, sondern auch die Kultur, die sie mit sich bringen.

VIVIE. Kultur! Mein lieber Herr Praed : Wissen Sie, was die mathematischen Tripos bedeuten? Es bedeutet, sechs bis acht Stunden am Tag in Mathematik zu mahlen, zu mahlen, zu mahlen, und nichts als Mathematik.

Ich sollte etwas über Wissenschaft wissen; aber ich weiß nichts außer der Mathematik, die dazu gehört. Ich kann Berechnungen für Ingenieure, Elektriker, Versicherungen usw. durchführen; aber ich weiß so gut wie nichts über Technik, Elektrizität oder Versicherungen. Ich kann nicht einmal gut rechnen. Abgesehen von Mathematik, Rasentennis, Essen, Schlafen, Radfahren und Spazierengehen bin ich eine ignorantere Barbarin, als jede Frau sein könnte, die nicht an den Tripos teilgenommen hat.

PRAED [empört] Was für ein monströses, böses, schurkisches System! Ich wusste es! Ich spürte sofort, dass es bedeutete, alles zu zerstören, was die Weiblichkeit schön macht!

VIVIE. Ich habe in dieser Hinsicht überhaupt nichts dagegen. Ich werde es sehr gut nutzen, das versichere ich Ihnen.

Gelobt. Puh! Inwiefern?

VIVIE. Ich werde Kammern in der Stadt einrichten und an versicherungsmathematischen Berechnungen und Übertragungen arbeiten. Unter dem Deckmantel werde ich ein paar Gesetze machen und die Börse ständig im Auge behalten. Ich bin alleine hierher gekommen, um Jura zu lesen: nicht für einen Urlaub, wie meine Mutter es sich vorstellt. Ich hasse Feiertage.

Gelobt. Du lässt mein Blut in den Adern gefrieren. Sollen Sie keine Romantik und keine Schönheit in Ihrem Leben haben?

VIVIE. Mir ist beides egal, das versichere ich Ihnen.

Gelobt. Das kannst du nicht so meinen.

VIVIE. Oh ja, das tue ich. Ich arbeite gerne und werde dafür bezahlt. Wenn ich von der Arbeit müde bin, mag ich einen bequemen Stuhl, eine Zigarre, ein wenig Whisky und einen Roman mit einer guten Detektivgeschichte darin.

PRAED [erhebt sich in einem Wahnsinn der Ablehnung] Ich glaube es nicht. Ich bin ein Künstler; und ich kann es nicht glauben: Ich weigere mich, es zu glauben. Sie haben nur noch nicht entdeckt, welche wunderbare Welt Ihnen die Kunst eröffnen kann.

VIVIE. Ja, habe ich. Letzten Mai verbrachte ich sechs Wochen mit Honoria Fraser in London. Mama dachte, wir würden zusammen eine Runde Sightseeing machen; Aber ich war tatsächlich jeden Tag in Honorias Büro in der Chancery Lane, arbeitete für sie an versicherungsmathematischen Berechnungen und half ihr, so gut ein Neuling nur konnte. Abends haben wir geraucht und geredet und nie davon geträumt, auszugehen, außer um Sport zu treiben. Und ich habe es nie in meinem Leben so genossen.

Ich habe alle meine Ausgaben beglichen und wurde ohne Gebühr in das Geschäft aufgenommen.

Gelobt. Aber Gott segne mein Herz und meine Seele, Miss Warren, nennen Sie das Entdeckungskunst?

VIVIE. Warten Sie ein wenig. Das war nicht der Anfang. Ich bin auf Einladung einiger Künstler in der Fitzjohn's Avenue in die Stadt gefahren: Eines der Mädchen war eine Freundin aus Newnham. Sie brachten mich zur Nationalgalerie –

PRAED [zustimmend] Ah!! [Er setzt sich, sehr erleichtert].

VIVIE [fährt fort] – zur Oper –

PRAED [noch erfreuter] Gut!

VIVIE. – und zu einem Konzert, bei dem die Band den ganzen Abend spielte: Beethoven und Wagner und so weiter. Für alles, was Sie mir bieten könnten, würde ich diese Erfahrung nicht noch einmal machen. Ich habe aus Höflichkeitsgründen bis zum dritten Tag durchgehalten; und dann sagte ich rundlich, dass ich es nicht mehr ertragen könnte, und ging zur Chancery Lane. Jetzt wissen Sie, was für eine wundervolle, moderne junge Dame ich bin. Wie werde ich Ihrer Meinung nach mit meiner Mutter klarkommen?

PRAED [erschrocken] Nun, ich hoffe – ähm –

VIVIE. Es geht mir nicht so sehr darum, was Sie hoffen, sondern vielmehr darum, was Sie glauben.

Gelobt. Ehrlich gesagt befürchte ich, dass deine Mutter etwas enttäuscht sein wird. Nicht aus einem Versäumnis Ihrerseits, wissen Sie: Das meine ich nicht so. Aber du bist so anders als ihr Ideal.

VIVIE. Ihr was?!

Gelobt. Ihr Ideal.

VIVIE. Meinst du ihr Ideal von MIR?

Gelobt. Ja.

VIVIE. Wie um alles in der Welt ist es?

Gelobt. Nun, Sie müssen bemerkt haben, Miss Warren, dass Menschen, die mit ihrer eigenen Erziehung unzufrieden sind, im Allgemeinen denken, dass die Welt in Ordnung wäre, wenn jeder ganz anders erzogen würde. Nun, das Leben deiner Mutter war – äh – ich nehme an, du weißt …

VIVIE. Machen Sie sich nichts vor, Herr Gepraed . Ich kenne meine Mutter kaum. Seit meiner Kindheit lebe ich in England, in der Schule oder am

College, oder bei Leuten, die dafür bezahlt werden, sich um mich zu kümmern. Ich war mein ganzes Leben lang im Internat. Meine Mutter hat in Brüssel oder Wien gelebt und mich nie zu ihr gehen lassen. Ich sehe sie nur, wenn sie für ein paar Tage England besucht. Ich beschwere mich nicht: Es war sehr angenehm; denn die Leute waren sehr gut zu mir; und es gab immer genug Geld, um die Dinge reibungslos zu gestalten. Aber glauben Sie nicht, dass ich etwas über meine Mutter weiß. Ich weiß viel weniger als du.

PRAED [sehr unruhig] In diesem Fall –[Er bleibt völlig ratlos stehen. Dann, mit einem erzwungenen Versuch der Fröhlichkeit] Aber was für ein Unsinn reden wir doch! Natürlich werden Sie und Ihre Mutter gut miteinander auskommen. [Er steht auf und blickt in die Ferne.] Was für einen bezaubernden kleinen Ort Sie hier haben!

VIVIE (ungerührt): Eher ein heftiger Themenwechsel, Herr Gepraed . Warum lässt es sich nicht ertragen, über das Leben meiner Mutter zu sprechen?

Gelobt. Oh, das darfst du nicht sagen. Ist es nicht selbstverständlich, dass ich mit der Tochter meiner alten Freundin hinter ihrem Rücken mit einem gewissen Feingefühl über sie rede? Sie und sie werden reichlich Gelegenheit haben, darüber zu sprechen, wenn sie kommt.

VIVIE. Nein, sie will auch nicht darüber reden. [Steht auf] Aber ich vermute, Sie haben gute Gründe, mir nichts zu sagen. Aber denken Sie daran, Herr Praed , ich rechne damit, dass es einen riesigen Streit geben wird, wenn meine Mutter von meinem Chancery Lane-Projekt hört.

PRAED [reumütig] Ich fürchte, das wird es.

VIVIE: Nun, ich werde gewinnen, denn ich brauche nichts weiter als mein Fahrgeld nach London, um dort morgen abzureisen und meinen Lebensunterhalt zu verdienen, indem ich für Honoria düpiere. Außerdem muss ich keine Geheimnisse hüten; und wie es scheint, hat sie welche. Ich werde diesen Vorteil ihr gegenüber nutzen, wenn es nötig ist.

PRAED [sehr schockiert]: Oh nein! Nein, bitte. So etwas würdest du nicht tun.

VIVIE Dann sag mir, warum nicht.

Gelobt. Ich kann wirklich nicht. Ich appelliere an Ihr gutes Gefühl. [Sie lächelt über seine Sentimentalität]. Außerdem sind Sie möglicherweise zu mutig. Mit deiner Mutter ist nicht zu spaßen, wenn sie wütend ist.

VIVIE. Sie können mir keine Angst machen, Herr Gepraed . In diesem Monat hatte ich in der Chancery Lane Gelegenheit, ein oder zwei Frauen kennenzulernen, die meiner Mutter sehr ähnlich waren. Du kannst mich unterstützen, um zu gewinnen. Aber wenn ich in meiner Unwissenheit härter zuschlage, als ich brauche, denken Sie daran, dass Sie es sind, der sich weigert, mich aufzuklären. Lassen wir das Thema jetzt fallen. [Sie nimmt ihren Stuhl und stellt ihn mit demselben kräftigen Schwung wie zuvor in die Nähe der Hängematte.]

PRAED [fasst einen verzweifelten Entschluss] Ein Wort, Miss Warren. Ich sollte es dir besser sagen. Es ist sehr schwierig; Aber-

[Frau Warren und Sir George Crofts kommen am Tor an. Frau Warren ist zwischen 40 und 50, ehemals hübsch, auffällig gekleidet mit einem leuchtenden Hut und einer fröhlichen Bluse, die eng über ihrer Brust sitzt und von modischen Ärmeln flankiert wird. Eher verwöhnt und herrschsüchtig und ausgesprochen vulgär, aber im Großen und Ganzen eine freundliche und ziemlich vorzeigbare alte Schuftfrau.]

[Crofts ist ein großer, kräftig gebauter Mann von etwa 50 Jahren, modisch gekleidet im Stil eines jungen Mannes. Nasale Stimme, rötlicher, als man es von seinem kräftigen Körperbau erwarten würde. Glattrasierte Bulldoggenkiefer, große flache Ohren und dicker Hals: eine Gentleman-Kombination der brutalsten Typen von Stadtmenschen, Sportlern und Stadtmenschen.]

VIVIE. Hier sind sie. [Kommt zu ihnen, als sie den Garten betreten] Wie geht es, Mater? Herr Praed ist seit einer halben Stunde hier und wartet auf Sie.

Frau Warren. Nun, wenn du gewartet hast, Praddy , bist du selbst schuld: Ich dachte, du hättest den Mut gehabt zu wissen, dass ich mit dem Zug 3.10 komme. Vivie: Setz deinen Hut auf, Liebes, du wirst einen Sonnenbrand bekommen. Oh, ich habe vergessen, dich vorzustellen. Sir George Crofts: meine kleine Vivie.

[Crofts geht mit seiner höflichsten Art auf Vivie zu. Sie nickt, macht aber keine Bewegung zum Händeschütteln.]

CROFTS. Darf ich einer jungen Dame die Hand schütteln, die ich schon seit langem als Tochter einer meiner ältesten Freundinnen kenne?

VIVIE [die ihn scharf von oben bis unten betrachtet] Wenn Sie möchten.

[Sie nimmt seine zärtlich ausgestreckte Hand und drückt sie so, dass er die Augen öffnet; Dann wendet sie sich ab und sagt zu ihrer Mutter: Kommst du rein, oder soll ich noch ein paar Stühle holen? [Sie geht auf die Veranda, um die Stühle zu holen].

Frau Warren. Nun, George, was denkst du über sie?

CROFTS [reumütig] Sie hat eine starke Faust. Hast du ihr die Hand geschüttelt, Praed ?

Gelobt. Ja, es wird bald vorübergehen.

CROFTS. Ich hoffe es. [Vivie erscheint mit zwei weiteren Stühlen wieder. Er eilt ihr zu Hilfe. Erlaube mir.

MRS WARREN (gönnerhaft) Lassen Sie sich von Sir George mit den Stühlen helfen, mein Lieber.

VIVIE (wirft sie ihm in die Arme) Hier bist du. [Sie wischt sich den Staub von den Händen und wendet sich an Mrs. Warren.] Du hättest doch gern etwas Tee, nicht wahr?

MRS WARREN [sitzt auf Praeds Stuhl und fächelt sich Luft zu] Ich brenne darauf, einen Schluck zu trinken.

VIVIE. Ich werde es sehen. [Sie geht in die Hütte].

[Sir George hat es inzwischen geschafft, einen Stuhl auszuklappen und ihn neben Frau Warren zu ihrer Linken zu stellen. Er wirft den anderen ins Gras und setzt sich niedergeschlagen und ziemlich albern hin, den Griff seines Stocks im Mund. Praed , immer noch sehr unruhig, zappelt im Garten zu ihrer Rechten herum.]

MRS WARREN [zu Praed , sieht Crofts an] Schau ihn dir doch mal an, Praddy : Er sieht fröhlich aus, nicht wahr? Er hat mir seit drei Jahren den Kopf zerbrochen, bis ihm mein kleines Mädchen gezeigt wurde; Und jetzt, wo ich es getan habe, ist er völlig außer sich. [zügig] Komm! Setz dich auf, George; und nimm deinen Stock aus deinem Mund. [Crofts gehorcht mürrisch].

Gelobt. Ich denke, wissen Sie – wenn es Ihnen nichts ausmacht, das so zu sagen –, dass wir besser davon abkommen sollten, sie als kleines Mädchen zu betrachten. Sie sehen, sie hat sich wirklich hervorgetan; und ich bin mir nicht sicher, ob sie nicht älter ist als jeder von uns, nach allem, was ich von ihr gesehen habe.

MRS WARREN [sehr amüsiert] Hören Sie nur auf ihn, George! Älter als jeder von uns! Nun, sie *hat* dich schön mit ihrer Wichtigkeit überhäuft.

Gelobt. Aber junge Menschen reagieren besonders empfindlich auf eine solche Behandlung.

Frau Warren. Ja; Und den jungen Leuten muss dieser ganze Unsinn und noch einiges mehr aus dem Kopf gerissen werden. Mischen Sie sich nicht ein, Paddy : Ich weiß genauso gut mit meinem eigenen Kind umzugehen wie Sie. [Praed geht mit ernstem Kopfschütteln durch den Garten, die Hände auf dem Rücken verschränkt. Frau Warren tut so, als würde sie lachen, schaut ihm aber mit spürbarer Sorge nach. Dann flüstert sie Crofts zu: „ Was ist los mit ihm?" Wofür hält er das so?

CROFTS (mürrisch): Du hast Angst vor Praed .

Frau Warren. Was! Mich! Angst vor dem lieben alten Paddy ! Eine Fliege hätte keine Angst vor ihm.

CROFTS. *Du hast* Angst vor ihm.

MRS WARREN [wütend] Ich werde Sie bitten, sich um Ihre eigenen Angelegenheiten zu kümmern und keine Ihrer Schmollereien an mir auszuprobieren. Ich habe jedenfalls keine Angst vor dir. Wenn Sie sich nicht vertragen können, gehen Sie besser nach Hause. [Sie steht auf, dreht ihm den Rücken zu und steht Praed gegenüber .] Komm, Paddy , ich weiß, es war nur deine Zärtlichkeit. Du hast Angst, dass ich sie schikaniere.

Gelobt. Meine liebe Kitty, du denkst, ich bin beleidigt. Stellen Sie sich das nicht vor: Bitte, tun Sie es nicht. Aber du weißt, ich bemerke oft Dinge, die dir entgehen; Und obwohl Sie meinen Rat nie befolgen, geben Sie hinterher manchmal zu, dass Sie ihn hätten befolgen sollen.

Frau Warren. Na, was fällt dir jetzt auf?

Gelobt. Nur dass Vivie eine erwachsene Frau ist. Bete, Kitty, behandle sie mit allem Respekt.

MRS WARREN [mit echtem Erstaunen] Respekt! Behandle meine eigene Tochter mit Respekt! Was kommt als Nächstes? Beten Sie!

VIVIE (erscheint an der Haustür und ruft Mrs. Warren zu) Mutter: Kommst du vor dem Tee in mein Zimmer?

Frau Warren. Ja, Liebling. [Sie lacht nachsichtig über Praeds Ernsthaftigkeit und klopft ihm auf die Wange, als sie auf dem Weg zur Veranda an ihm vorbeigeht.] Sei nicht böse, Paddy . [Sie folgt Vivie in die Hütte].

CROFTS (verstohlen): Ich sage: Praed .

Gelobt. Ja.

CROFTS. Ich möchte Ihnen eine ganz besondere Frage stellen.

Gelobt. Sicherlich. [Er nimmt Mrs. Warrens Stuhl ein und setzt sich neben Crofts].

CROFTS. Das ist richtig: Sie könnten uns vom Fenster aus hören. Schauen Sie mal: Hat Kitty Ihnen schon gesagt, wer der Vater dieses Mädchens ist?

Gelobt. Niemals.

CROFTS. Haben Sie eine Ahnung, wer es sein könnte?

Gelobt. Keiner.

CROFTS (glaubt ihm nicht) Ich weiß natürlich, dass Sie sich vielleicht verpflichtet fühlen würden, es nicht zu sagen, wenn sie Ihnen etwas gesagt hat. Aber jetzt, wo wir das Mädchen jeden Tag treffen werden, ist es sehr unangenehm, darüber unsicher zu sein. Wir wissen nicht genau, was wir ihr gegenüber empfinden sollen.

Gelobt. Welchen Unterschied kann das machen? Wir nehmen sie aufgrund ihrer eigenen Verdienste an. Was spielt es für eine Rolle, wer ihr Vater war?

CROFTS (misstrauisch): Dann wissen Sie, wer er war?

PRAED [mit einem Anflug von Wut] Ich habe gerade nein gesagt. Hast du mich nicht gehört?

CROFTS. Schau her, Praed . Ich bitte Sie um einen besonderen Gefallen. Wenn Sie *es wissen* [Protestbewegung von Praed] – ich sage nur, wenn Sie es wissen, könnten Sie mich zumindest in Bezug auf sie beruhigen. Tatsache ist, dass ich mich angezogen fühlte.

PRAED [streng] Was meinst du?

CROFTS. Oh, seien Sie nicht beunruhigt: Es ist ein ziemlich unschuldiges Gefühl. Das ist es, was mich daran verwirrt. Soweit ich weiß, könnte *ich* ihr Vater sein.

Gelobt. Du! Unmöglich!

CROFTS (holt ihn listig auf): Du weißt ganz sicher, dass ich es nicht bin?

Gelobt. Ich weiß nichts darüber, sage ich Ihnen, genauso wenig wie Sie. Aber wirklich, Crofts – oh nein, das kommt nicht in Frage. Es gibt nicht die geringste Ähnlichkeit.

CROFTS. Was das angeht, kann ich keine Ähnlichkeit zwischen ihr und ihrer Mutter erkennen. Ich nehme an, sie ist nicht deine Tochter, oder?

PRAED [steht empört auf] Wirklich, Crofts –!

CROFTS. Nichts für ungut, Praed . Im Verhältnis zwischen zwei Männern von Welt durchaus zulässig.

PRAED [erholt sich mühsam und spricht sanft und ernst] Jetzt hören Sie mir zu, mein lieber Crofts. [Er setzt sich wieder hin].

Mrs. Warrens Leben nichts zu tun und hatte es auch nie getan. Sie hat nie mit mir darüber gesprochen; und natürlich habe ich nie mit ihr darüber gesprochen. Ihr Feingefühl wird Ihnen sagen, dass eine hübsche Frau einige

Freunde braucht, die nicht – nun ja, nicht auf diesem Stand mit ihr sind. Die Wirkung ihrer eigenen Schönheit würde für sie zur Qual werden, wenn sie ihr nicht gelegentlich entkommen könnte. Du pflegst wahrscheinlich eine viel vertraulichere Beziehung zu Kitty als ich. Sicherlich können Sie ihr die Frage selbst stellen.

CROFTS. Ich habe sie oft genug gefragt. Aber sie ist so entschlossen, das Kind ganz für sich zu behalten, dass sie, wenn sie könnte, leugnen würde, dass es jemals einen Vater hatte. [steht auf] Mir ist das völlig unangenehm, Praed .

PRAED [erhebt sich ebenfalls] Nun, da Sie auf jeden Fall alt genug sind, um ihr Vater zu sein, bin ich nicht dagegen, zuzustimmen, dass wir beide Miss Vivie auf elterliche Weise betrachten, als ein junges Mädchen, das wir beschützen und beschützen müssen helfen. Was sagen Sie?

CROFTS [aggressiv] Ich bin nicht älter als du, wenn du das so beurteilen kannst.

Gelobt. Ja , das bist du, mein Lieber: Du wurdest alt geboren. Ich wurde als Junge geboren: Ich habe noch nie in meinem Leben die Sicherheit eines erwachsenen Mannes gespürt. [Er klappt seinen Stuhl zusammen und trägt ihn zur Veranda].

MRS WARREN [ruft aus der Hütte] Prad-dee! George! Tee – ea – ea-ea !

CROFTS (eilig): Sie ruft uns. [Er eilt herein].

[Praed schüttelt bedeutungsvoll den Kopf und folgt Crofts, als er von einem jungen Herrn begrüßt wird, der gerade auf dem Gemeindeplatz aufgetaucht ist und zum Tor geht. Er ist freundlich, hübsch, elegant gekleidet, ein geschickter Taugenichts, noch keine 20 Jahre alt, mit einer charmanten Stimme und angenehm respektlosen Manieren. Er trägt ein leichtes Sportmagazingewehr.]

DER JUNGE HERR. Hallo! Gelobt !

Gelobt. Warum, Frank Gardner! [Frank kommt herein und schüttelt herzlich die Hand]. Was zum Teufel machst du hier?

FRANK. Ich bleibe bei meinem Vater.

Gelobt. Der römische Vater?

FRANK. Er ist hier Rektor. Aus wirtschaftlichen Gründen lebe ich diesen Herbst bei meinen Leuten. Im Juli kam es zur Krise: Der römische Vater musste meine Schulden bezahlen. Infolgedessen ist er völlig pleite; und ich auch. Was hast du in dieser Gegend vor? kennst du die Leute hier?

Gelobt. Ja: Ich verbringe den Tag mit einer Miss Warren.

FRANK [begeistert] Was! Kennst du Vivie? Ist sie nicht ein lustiges Mädchen? Ich bringe ihr bei, damit zu schießen [das Gewehr wegzulegen]. Ich bin so froh, dass sie dich kennt. Du bist genau der Typ, den sie kennen sollte. [Er lächelt und steigert die bezaubernde Stimme fast zu einem singenden Ton, während er ausruft] Es ist so lustig, dich hier zu finden, Praed .

Gelobt. Ich bin eine alte Freundin ihrer Mutter. Frau Warren brachte mich vorbei, um ihre Tochter kennenzulernen.

FRANK. Die Mutter! Ist *sie* hier?

Gelobt. Ja: drinnen, beim Tee.

MRS WARREN [ruft von innen] Prad-dee- ee – ee-eee ! Der Teekuchen wird kalt sein.

PRAED [ruft] Ja, Frau Warren. In einem Moment. Ich habe hier gerade einen Freund getroffen.

Frau Warren. Ein Was?

PRAED [lauter] Ein Freund.

Frau Warren. Bringen Sie ihn herein.

Gelobt. In Ordnung. [Zu Frank] Wirst du die Einladung annehmen?

FRANK [ungläubig, aber ungemein amüsiert] Ist das Vivies Mutter?

Gelobt. Ja.

FRANK. Von Jove! Was für ein Spaß! Glaubst du, sie wird mich mögen?

Gelobt. Ich habe keinen Zweifel daran, dass Sie sich wie immer beliebt machen werden. Kommen Sie herein und versuchen Sie, sich auf das Haus zuzubewegen.

FRANK. Halten Sie kurz inne. [Im Ernst] Ich möchte dich in mein Vertrauen ziehen.

Gelobt. Bitte, tu es nicht. Es ist nur eine neue Torheit, wie die Bardame im Redhill.

FRANK. Es ist viel ernster. Du sagst, du hast Vivie gerade erst zum ersten Mal getroffen?

Gelobt. Ja.

FRANK (schwärmerisch): Dann hast du vielleicht keine Ahnung, was für ein Mädchen sie ist. Was für ein Charakter! Was für ein Sinn! Und ihre

Klugheit! Oh, mein Auge, Praed , aber ich kann dir sagen, dass sie schlau ist! Und – muss ich hinzufügen? – sie liebt mich.

CROFTS [steckt seinen Kopf aus dem Fenster] Ich sage: Praed : Was meinst du? Kommen Sie doch vorbei. [Er verschwindet].

FRANK. Hallo! Er ist doch so ein Typ, der auf einer Hundeausstellung einen Preis gewinnen würde, nicht wahr? Wer ist er?

Gelobt. Sir George Crofts, ein alter Freund von Frau Warren. Ich denke, wir sollten besser reinkommen.

[Auf dem Weg zur Veranda werden sie von einem Ruf vom Tor unterbrochen. Als sie sich umdrehen, sehen sie einen älteren Geistlichen, der darüber schaut.]

DER GEISTLICHE [ruft] Frank!

FRANK. Hallo! [Zu Praed] Der römische Vater. [Zum Geistlichen] Ja, Gouverneur : in Ordnung: derzeit. [Zu Praed] Schau her, Praed : Du gehst besser zum Tee. Ich schließe mich direkt an.

Gelobt. Sehr gut. [Er geht in die Hütte].

[Der Geistliche bleibt vor dem Tor stehen, die Hände darauf. Rev. Samuel Gardner, ein wohltätiger Geistlicher der etablierten Kirche, ist über 50. Äußerlich ist er prätentiös, boomend, laut und wichtig. In Wirklichkeit ist er dieses veraltete Phänomen, der Narr der Familie, der von seinem Vater, dem Patron, der Kirche überlassen wurde und sich lautstark als Vater und Geistlicher behauptet, ohne in irgendeiner Eigenschaft Respekt zu erlangen.]

REV. S. Nun, Sir. Wer sind deine Freunde hier, wenn ich fragen darf?

FRANK. Oh, es ist alles in Ordnung, Gouverneur ! Komm herein!

REV. S. Nein, mein Herr; nicht, bis ich weiß, wessen Garten ich betrete.

FRANK. Es ist alles in Ordnung. Es gehört Miss Warren.

REV. S. Ich habe sie seit ihrer Ankunft nicht mehr in der Kirche gesehen.

FRANK. Natürlich nicht: Sie ist eine dritte Wranglerin. So intellektuell. Einen höheren Abschluss erworben haben als Sie; Warum sollte sie also gehen, um dir beim Predigen zuzuhören?

REV. S. Seien Sie nicht respektlos, Sir.

FRANK. Oh, das macht nichts : Niemand hört uns. Treten Sie ein. [Er öffnet das Tor und zieht damit kurzerhand seinen Vater in den Garten.] Ich möchte dich ihr vorstellen. Erinnern Sie sich an den Rat, den Sie mir letzten Juli gegeben haben, Gouverneur ?

REV. S. [streng] Ja. Ich habe Ihnen geraten, Ihre Trägheit und Leichtfertigkeit zu überwinden, sich einen ehrenvollen Beruf zu erarbeiten und von ihm und nicht von mir zu leben.

FRANK. Nein: Daran hast du im Nachhinein gedacht. Was Sie eigentlich gesagt haben, war, dass ich, da ich weder Verstand noch Geld habe, mein gutes Aussehen besser nutzen sollte, indem ich jemanden heirate, der beides hat. Nun, schauen Sie hier. Miss Warren hat Verstand: Das kann man nicht leugnen.

REV. S. Gehirne sind nicht alles.

FRANK. Nein, natürlich nicht: Da ist das Geld –

REV. S. (unterbricht ihn streng) Ich habe nicht an Geld gedacht, Sir. Ich habe von höheren Dingen gesprochen. Zum Beispiel die soziale Stellung.

FRANK. Das ist mir völlig egal.

REV. S. Aber das tue ich, Sir.

FRANK. Nun, niemand will, dass du sie heiratest. Jedenfalls verfügt sie über einen hohen Cambridge-Abschluss; und sie scheint so viel Geld zu haben, wie sie will.

REV. S. [verfällt in einen schwachen Humor] Ich bezweifle sehr, dass sie so viel Geld hat, wie Sie wollen.

FRANK. Oh, komm, ich war nicht so extravagant. Ich lebe ganz ruhig; Ich trinke nicht; Ich wette nicht viel; und ich gehe auch nie so regelmäßig zum Protzen wie du, als du in meinem Alter warst.

REV. S. [dröhnt hohl] Schweigen, Sir.

FRANK. Nun ja, du hast mir selbst erzählt, als ich mich so sehr über die Bardame in Redhill lustig gemacht habe, dass du einmal einer Frau fünfzig Pfund für die Briefe geboten hast, die du ihr geschrieben hast, als –

REV. S. [erschrocken] Sch-sch-sch , Frank, um Himmels willen! [Er schaut sich ängstlich um. Als er sieht, dass niemand in Hörweite ist, fasst er den Mut, noch einmal zu dröhnen, aber gedämpfter.] Sie nutzen das, was ich Ihnen anvertraut habe, auf unhöfliche Weise zu Ihrem eigenen Wohl aus, um Sie vor einem Fehler zu bewahren, den Sie Ihr ganzes Leben lang bereut hätten. Lassen Sie sich durch die Torheiten Ihres Vaters warnen, Herr; und machen Sie sie nicht zu einer Entschuldigung für Ihre eigenen.

FRANK. Haben Sie jemals die Geschichte des Herzogs von Wellington und seiner Briefe gehört?

REV. S. Nein, mein Herr; und ich will es nicht hören.

FRANK. Der alte Eiserne Herzog hat keine fünfzig Pfund weggeworfen: er nicht. Er schrieb gerade: „Liebe Jenny, veröffentliche es und sei verdammt! Mit freundlichen Grüßen Wellington." Das hätten Sie tun sollen.

REV. S. [mitleiderregend] Frank, mein Junge: Als ich diese Briefe schrieb , begab ich mich in die Macht dieser Frau. Als ich Ihnen davon erzählte , begab ich mich, leider muss ich das sagen, gewissermaßen in Ihre Macht. Mit diesen Worten, die ich nie vergessen werde, lehnte sie mein Geld ab. „Wissen ist Macht", sagte sie; „Und ich verkaufe niemals Strom."

Das ist mehr als zwanzig Jahre her; und sie hat nie von ihrer Macht Gebrauch gemacht oder mir auch nur einen Moment Unbehagen bereitet. Du benimmst dich mir gegenüber schlimmer als sie, Frank.

FRANK. Oh ja, das wage ich zu sagen! Hast du ihr jemals so predigt, wie du jeden Tag mir predigst?

REV. S. [fast zu Tränen gerührt] Ich verlasse Sie, Sir. Du bist unverbesserlich. [Er dreht sich zum Tor um].

FRANK [völlig ungerührt]: Sagen Sie ihnen, ich komme nicht zum Tee nach Hause, ja, Gouverneur , seien Sie ein braver Kerl? [Er geht zur Tür des Häuschens und wird von Praed und Vivie empfangen, die herauskommen.]

VIVIE [zu Frank] Ist das dein Vater, Frank? Ich möchte ihn unbedingt kennenlernen.

FRANK. Sicherlich. [Ruft seinem Vater nach] Gouverneur . Sie werden gebraucht. [Der Pfarrer dreht sich am Tor um und tastet nervös seinen Hut ab. Praed durchquert den Garten auf die gegenüberliegende Seite und strahlt in Erwartung höflicher Gesten.] Mein Vater: Miss Warren.

VIVIE (geht zum Geistlichen und schüttelt ihm die Hand) Ich freue mich sehr, Sie hier zu sehen, Herr Gardner. [Ruft zur Hütte] Mutter: Komm mit, du wirst gesucht.

[Mrs. Warren erscheint auf der Schwelle und ist sofort wie gebannt, als sie den Geistlichen erkennt.]

VIVIE [fährt fort] Lassen Sie mich vorstellen:

MRS WARREN (stürzt sich auf Reverend Samuel): Warum ist es Sam Gardner, der in die Kirche gegangen ist? Nun, ich nie! Kennst du uns nicht, Sam? Das ist George Crofts, so groß wie das Leben und doppelt so natürlich. Erinnerst du dich nicht an mich?

REV. S. [sehr rot] Ich – ähm –

Frau Warren. Natürlich tust du. Nun, ich habe immer noch ein ganzes Album mit Ihren Briefen: Ich bin erst neulich darauf gestoßen.

REV. S. [kläglich verwirrt] Fräulein Vavasour, glaube ich.

MRS WARREN [korrigiert ihn schnell und laut flüsternd] Tch! Unsinn! Frau Warren: Sehen Sie dort nicht meine Tochter?

AKT II

[In der Hütte nach Einbruch der Dunkelheit. Wenn man von innen nach Osten statt von außen nach Westen schaut, ist das Gitterfenster mit zugezogenen Vorhängen jetzt in der Mitte der Vorderwand des Hauses zu sehen, links davon befindet sich die Verandatür. In der linken Seitenwand befindet sich die Tür zur Küche. Weiter hinten an derselben Wand steht eine Kommode mit einer Kerze und Streichhölzern darauf, und daneben steht Franks Gewehr, dessen Lauf auf dem Tellerständer ruht. In der Mitte steht ein Tisch mit einer brennenden Lampe darauf. Vivies Bücher und Schreibmaterialien liegen auf einem Tisch rechts vom Fenster an der Wand. Auf der rechten Seite befindet sich der Kamin mit einer Sitzbank: Es brennt kein Feuer. Zwei der Stühle stehen rechts und links vom Tisch.]

[Die Tür der Hütte öffnet sich und zeigt draußen eine schöne sternenklare Nacht; und Mrs. Warren, die Schultern in einen von Vivie geliehenen Schal gehüllt, kommt herein, gefolgt von Frank, der seine Mütze auf die Fensterbank wirft. Sie hat genug vom Laufen und keucht erleichtert auf, als sie ihren Hut abknöpft. nimmt es ab; steckt den Stift durch die Krone; und legt es auf den Tisch.]

Frau Warren. O Herr! Ich weiß nicht, was das Schlimmste im Land ist: das Gehen oder das Sitzen zu Hause und nichts zu tun. Ich könnte jetzt sehr gut einen Whiskey und eine Limonade gebrauchen, wenn es so etwas nur hier gäbe.

FRANK. Vielleicht hat Vivie welche.

Frau Warren. Unsinn! Was würde ein junges Mädchen wie sie mit solchen Dingen anfangen! Egal: Es spielt keine Rolle. Ich frage mich, wie sie ihre Zeit hier verbringt! Ich wäre viel lieber in Wien.

FRANK. Lass mich dich dort hinbringen. [Er hilft ihr, ihren Schal auszuziehen und drückt dabei galant ihre Schultern, sehr deutlich.]

Frau Warren. Ah! würdest du? Ich fange an zu glauben, dass du nur noch ein Teil des alten Blocks bist.

FRANK. Wie der Gouverneur , nicht wahr? [Er hängt den Schal an den nächsten Stuhl und setzt sich].

Frau Warren. Macht dir nichts aus. Was wissen Sie über solche Dinge?

Du bist nur ein Junge. [Sie geht zum Herd, um der Versuchung zu entgehen].

FRANK. Kommen Sie mit mir nach Wien? Es wären immer solche Lerchen.

Frau Warren. Nein danke. Wien ist kein Ort für dich – zumindest nicht, bis du etwas älter bist. [Sie nickt ihm zu, um diesen Ratschlag zu unterstreichen.

Er macht ein gespielt mitleiderregendes Gesicht, das durch seine lachenden Augen widerlegt wird. Sie sieht ihn an; kommt dann zu ihm zurück]. Nun sieh mal, kleiner Junge (nimmt sein Gesicht in ihre Hände und wendet es ihr zu): Ich kenne dich durch und durch durch deine Ähnlichkeit mit deinem Vater, besser als du dich selbst kennst. Machen Sie sich keine dummen Gedanken über mich. Hörst du?

FRANK [umwirbt sie galant mit seiner Stimme] Ich kann nicht anders, meine liebe Frau Warren: Es liegt in der Familie.

[Sie tut so, als würde sie ihm eine Ohrfeige geben; Dann schaut sie einen Moment lang versucht in das hübsche, lachende, nach oben gerichtete Gesicht. Schließlich küsst sie ihn und wendet sich sofort ab , aus Geduld mit sich selbst.]

Frau Warren. Dort! Das hätte ich nicht tun sollen. Ich *bin* böse. Macht dir nichts aus, meine Liebe: Es ist nur ein mütterlicher Kuss. Geh und liebe Vivie.

FRANK. Also habe ich.

MRS WARREN [dreht sich zu ihm um, mit scharfer Beunruhigung in der Stimme] Was!

FRANK. Vivie und ich sind immer so gute Freunde.

Frau Warren. Wie meinst du das? Sehen Sie hier: Ich werde nicht dulden, dass sich irgendein kleiner Kerl an meinem kleinen Mädchen zu schaffen macht. Hörst du? Ich werde es nicht haben.

FRANK (ganz unverfroren) Meine liebe Frau Warren, seien Sie nicht beunruhigt. Meine Absichten sind ehrenhaft: sehr ehrenhaft; und Ihr kleines Mädchen kann ganz gut auf sich selbst aufpassen. Sie muss sich nicht halb so sehr um sie kümmern wie ihre Mutter. Sie ist nicht so hübsch, wissen Sie.

MRS WARREN [verblüfft über seine Zusicherung] Nun, Sie haben überall schöne, gesunde fünf Zentimeter Wange. Ich weiß nicht, wo du es hast. Jedenfalls nicht von deinem Vater.

CROFTS [im Garten] Die Zigeuner , nehme ich an?

REV. S. [antwortet] Die Besenknappen sind weitaus schlimmer.

MRS WARREN [zu Frank] Psch ! Erinnern! Du hast deine Warnung erhalten.

[Crofts und Reverend Samuel Gardner kommen aus dem Garten, der Geistliche setzt sein Gespräch fort, als er hereinkommt.]

REV. S. Der Meineid bei den Schwurgerichten in Winchester ist bedauerlich.

Frau Warren. Also? was ist aus euch beiden geworden? Und wo Paddy und Vivie?

CROFTS (setzt seinen Hut auf die Sitzbank und seinen Stock in die Kaminecke) Sie gingen den Hügel hinauf. Wir gingen ins Dorf. Ich wollte etwas trinken. [Er setzt sich auf die Bank und legt seine Beine über den Sitz.]

Frau Warren. Nun, sie sollte nicht so losgehen, ohne es mir zu sagen. [Zu Frank] Hol deinem Vater einen Stuhl, Frank: Wo sind deine Manieren? [Frank springt auf und bietet seinem Vater anmutig seinen Stuhl an; Dann nimmt er einen weiteren von der Wand und setzt sich an den Tisch in der Mitte, mit seinem Vater zu seiner Rechten und Frau Warren zu seiner Linken. George: Wo wirst du heute Nacht übernachten? Du kannst nicht hier bleiben. Und was ... ist Paddy wird es tun?

CROFTS. Gardner wird mich unterbringen.

Frau Warren. Oh, kein Zweifel, Sie haben auf sich selbst aufgepasst! Aber was ist mit Paddy ?

CROFTS. Ich weiß es nicht. Ich nehme an, er kann im Gasthaus schlafen.

Frau Warren. Hast du keinen Platz für ihn, Sam?

REV. S. Nun – ähm – sehen Sie, als Rektor hier habe ich nicht die Freiheit, zu tun, was ich will. Ähm – was ist Mr Praeds gesellschaftliche Stellung?

Frau Warren. Oh, ihm geht es gut: Er ist Architekt. Was für ein alter Idiot du bist, Sam!

FRANK. Ja, es ist alles in Ordnung, Gouverneur . Er baute diesen Ort unten in Wales für den Herzog. Caernarvon Castle nennen sie es. Sie müssen davon gehört haben. [Er zwinkert Mrs. Warren blitzschnell zu und betrachtet seinen Vater ausdruckslos.]

REV. S. Oh, dann werden wir natürlich nur zu glücklich sein. Ich nehme an, er kennt den Herzog persönlich.

FRANK. Oh, ganz intim! Wir können ihn in Georginas altes Zimmer stecken.

Frau Warren. Nun, das ist geklärt. Wenn die beiden doch nur reinkämen und uns zum Abendessen einladen würden. Sie haben kein Recht, so nach Einbruch der Dunkelheit draußen zu bleiben.

CROFTS (aggressiv): Was schaden sie dir?

Frau Warren. Nun ja, ob schädlich oder nicht, ich mag es nicht.

FRANK. Warten Sie besser nicht auf sie, Frau Warren. Praed wird so lange wie möglich draußen bleiben. Er hat noch nie erlebt, was es heißt, in einer Sommernacht mit meiner Vivie über die Heide zu streunen.

CROFTS [setzt sich bestürzt auf] Ich sage, wissen Sie! Kommen!

REV. S. [erhebt sich erschrocken von seinem professionellen Auftreten zu echter Kraft und Aufrichtigkeit] Frank, das kommt ein für alle Mal nicht in Frage. Frau Warren wird Ihnen sagen, dass daran nicht zu denken ist.

CROFTS. Natürlich nicht.

FRANK [mit bezaubernder Gelassenheit] Ist das so, Mrs. Warren?

MRS WARREN (nachdenklich): Nun, Sam, ich weiß es nicht. Wenn das Mädchen heiraten möchte, kann es nichts nützen, es unverheiratet zu halten.

REV. S. [erstaunt] Aber mit ihm verheiratet ! – Deine Tochter zu meinem Sohn! Denken Sie nur: Es ist unmöglich.

CROFTS. Natürlich ist es unmöglich. Sei kein Dummkopf, Kitty.

MRS WARREN [verärgert] Warum nicht? Ist meine Tochter nicht gut genug für deinen Sohn?

REV. S. Aber sicherlich, meine liebe Frau Warren, Sie kennen die Gründe –

MRS WARREN [trotzig] Ich kenne keine Gründe. Wenn Sie welche kennen, können Sie sie dem Jungen, dem Mädchen oder Ihrer Gemeinde erzählen, wenn Sie möchten.

REV. S. [fällt hilflos in seinen Stuhl] Sie wissen sehr gut, dass ich niemandem die Gründe nennen konnte. Aber mein Junge wird mir glauben, wenn ich ihm sage, dass es dafür Gründe gibt .

FRANK. Ganz richtig, Papa: Das wird er. Aber wurde das Verhalten Ihres Jungen jemals von Ihren Gründen beeinflusst?

CROFTS. Du kannst sie nicht heiraten; und das ist alles. [Er steht auf, stellt sich mit dem Rücken zum Kamin auf den Kamin und runzelt entschlossen die Stirn.]

MRS WARREN [dreht sich scharf zu ihm um] Was haben Sie damit zu tun, bitte?

FRANK [mit seiner schönsten lyrischen Kadenz] Genau das, was ich selbst auf meine eigene anmutige Art fragen wollte.

CROFTS [zu Frau Warren] Ich nehme an, Sie wollen das Mädchen nicht mit einem Mann verheiraten, der jünger ist als sie und weder einen Beruf noch zwei Pence hat , um sie am Leben zu halten. Fragen Sie Sam, wenn Sie mir nicht glauben. [Zum Pfarrer] Wie viel mehr Geld wirst du ihm geben?

REV. S. Kein weiterer Penny. Er hatte sein Erbe; und das letzte Mal verbrachte er im Juli. [Mrs. Warrens Gesicht sinkt].

CROFTS [beobachtet sie] Da! Ich habe es dir gesagt. [Er nimmt wieder seinen Platz auf der Sitzbank ein und legt seine Beine wieder auf den Sitz, als wäre die Sache endgültig erledigt.]

FRANK (klagend) Das ist so egoistisch. Glauben Sie, dass Miss Warren wegen des Geldes heiraten wird? Wenn wir einander lieben –

Frau Warren. Danke schön. Deine Liebe ist ein ziemlich billiges Gut, mein Junge. Wenn Sie keine Möglichkeit haben, eine Frau zu behalten, ist das die Sache; Du kannst Vivie nicht haben.

FRANK [sehr amüsiert] Was sagen Sie, Gouverneur ?

REV. S. Ich stimme Frau Warren zu.

FRANK. Und der gute alte Crofts hat bereits seine Meinung geäußert.

CROFTS (dreht sich wütend auf den Ellbogen) Schau mal: Ich will nichts von deiner Frechheit.

FRANK [demonstrativ] Es tut mir so leid, dich zu überraschen, Crofts; aber du hast dir vorhin die Freiheit erlaubt, mit mir wie ein Vater zu sprechen. Ein Vater reicht, danke.

CROFTS [verächtlich] Ja! [Er wendet sich wieder ab.]

FRANK [steht auf] Mrs. Warren: Ich kann meine Vivie nicht aufgeben, nicht einmal für Sie.

MRS WARREN [murmelnd]: Junger Schlingel!

FRANK [fährt fort] Und da Sie ihr zweifellos andere Aussichten bieten wollen, werde ich keine Zeit verlieren, ihr meinen Fall vorzutragen. [Sie starren ihn an, und er beginnt anmutig zu deklamieren] Entweder fürchtet er sein Schicksal zu sehr, oder sein Verdienst ist gering, der es nicht wagt, es auf die Probe zu stellen, um alles zu gewinnen oder zu verlieren.

[Während er rezitiert, öffnen sich die Türen des Häuschens, und Vivie und Praed kommen herein. Er bricht ab. Praed legt seinen Hut auf die Kommode. Das Verhalten der Gesellschaft bessert sich sofort. Crofts nimmt seine Beine von der Bank und reißt sich zusammen, als Praed sich zu ihm an den Kamin setzt. Mrs. Warren verliert ihre Gelassenheit und flüchtet sich in Nörgelei.]

FRAU WARREN: Wo warst du, Vivie?

VIVIE [nimmt ihren Hut ab und wirft ihn achtlos auf den Tisch]: Auf dem Hügel.

FRAU WARREN: Nun, Sie sollten nicht einfach so weggehen, ohne mir Bescheid zu sagen. Woher sollte ich wissen, was aus Ihnen geworden ist? Und die Nacht naht auch schon!

VIVIE (geht zur Küchentür und öffnet sie, ohne auf ihre Mutter zu achten) Nun, was ist mit dem Abendessen? [Alle stehen auf, außer Mrs. Warren] Ich fürchte, wir werden hier ziemlich voll sein.

Frau Warren. Hast du gehört, was ich gesagt habe, Vivie?

VIVIE [leise] Ja, Mutter. [Zurück zur Schwierigkeit des Abendessens] Wie viele sind wir? [Zählt] Eins, zwei, drei, vier, fünf, sechs. Nun, zwei müssen warten, bis der Rest erledigt ist: Frau Alison hat nur Teller und Messer für vier.

Gelobt. Oh, das ist mir egal. ICH-

VIVIE. Sie haben einen langen Spaziergang hinter sich und sind hungrig, Herr Praed : Du sollst sofort zu Abend essen. Ich kann selbst warten. Ich möchte, dass eine Person bei mir wartet. Frank: Hast du Hunger?

FRANK. Nicht das Geringste auf der Welt. Eigentlich bin ich völlig daneben.

MRS WARREN [zu Crofts] Sie auch nicht, George. Du kannst warten.

CROFTS. Oh, Moment mal, ich habe seit der Teestunde nichts mehr gegessen. Kann Sam das nicht?

FRANK. Würdest du meinen armen Vater verhungern lassen?

REV. S. (gereizt): Erlauben Sie mir, für mich selbst zu sprechen, Sir. Ich bin durchaus bereit zu warten.

VIVIE (entschlossen) Das ist nicht nötig. Nur zwei werden gesucht. [Sie öffnet die Küchentür]. Nehmen Sie meine Mutter auf, Mr. Gardner. [Der Pfarrer nimmt Frau Warren; und sie gehen in die Küche. Praed und Crofts folgen. Alle außer Praed sind eindeutig mit der Vereinbarung einverstanden, wissen aber nicht, wie sie sich dagegen wehren sollen. Vivie steht an der Tür und schaut zu ihnen herein. Können Sie sich bis zu dieser Ecke durchzwängen, Herr? Praed : Es ist eher eine enge Passform. Pflegen Sie Ihren Mantel vor dem Weißwaschen: das ist richtig. Fühlen Sie sich jetzt wohl?

PRAED [innerlich] Ja , danke.

MRS WARREN [drinnen] Lass die Tür offen, Liebling. [Vivie runzelt die Stirn; aber Frank hält sie mit einer Geste zurück und schleicht sich zur Hüttentür, die er sanft weit aufreißt. Oh Gott, was für ein Durchzug! Du solltest lieber die Klappe halten, Liebes.

[Vivie schließt die Tür mit einem Knall, und als sie dann mit Abscheu feststellt, dass Hut und Schal ihrer Mutter herumliegen, bringt sie sie ordentlich zum Fensterplatz, während Frank geräuschlos die Haustür schließt.]

FRANK (jubelnd) Aha! Habe sie losgeworden . Nun, Vivvums: Was halten Sie von meinem Gouverneur?

VIVIE (besorgt und ernst): Ich habe kaum mit ihm gesprochen. Er scheint mir kein besonders fähiger Mensch zu sein.

FRANK. Nun, wissen Sie, der alte Mann ist gar nicht so dumm, wie er aussieht. Sehen Sie, er wurde eher in die Kirche geschoben; und indem er versucht, dem gerecht zu werden, macht er einen viel größeren Arsch aus sich, als er wirklich ist. Ich mag ihn nicht so sehr, wie man vielleicht erwarten würde. Er meint es gut. Wie denkst du, wirst du mit ihm klarkommen?

VIVIE (ziemlich grimmig): Ich glaube nicht, dass ich mich in meinem zukünftigen Leben viel um ihn oder irgendjemanden aus dem alten Kreis meiner Mutter kümmern werde, außer vielleicht um Praed . [Sie setzt sich auf die Sitzbank] Was denkst du über meine Mutter?

FRANK. Wirklich und wahrhaftig?

VIVIE. Ja, wirklich und wahrhaftig.

FRANK. Nun, sie ist so lustig. Aber sie ist eher eine Warnung, nicht wahr? Und Crofts! Oh, mein Auge, Crofts! [Er setzt sich neben sie].

VIVIE. Was für eine Menge, Frank!

FRANK. Was für eine Crew!

VIVIE [mit größter Verachtung für sie] Wenn ich gedacht hätte, dass *ich* so wäre – dass ich ein Verschwender sein würde, der von einer Mahlzeit zur nächsten wechselte, ohne Zweck, ohne Charakter und ohne Entschlossenheit in mir, dann würde ich es tun ohne einen Moment zu zögern eine Arterie öffnen und verbluten.

FRANK. Oh nein, das würdest du nicht. Warum sollten sie sich Mühe geben, wenn sie es sich leisten können, es nicht zu tun? Ich wünschte, ich hätte ihr Glück. Nein: Was ich beanstande, ist ihre Form. Darum geht es nicht: Es ist schlampig, ganz schlampig.

VIVIE. Glaubst du, dass deine Form besser sein wird, wenn du so alt wie Crofts bist und nicht arbeitest?

FRANK. Natürlich tue ich das. Noch viel besser. Vivvums darf keine Vorträge halten: Ihr kleiner Junge ist unverbesserlich. [Er versucht, ihr Gesicht zärtlich in seine Hände zu nehmen].

VIVIE (schlägt scharf mit den Händen nach unten) Ab mit dir: Vivvums hat heute Abend keine Lust, ihren kleinen Jungen zu streicheln. [Sie steht auf und geht auf die andere Seite des Raumes].

FRANK (folgt ihr) Wie unfreundlich!

VIVIE (stampft auf ihn) Sei ernst. Es ist mein ernst.

FRANK. Gut. Lassen Sie uns gelehrt reden, Miss Warren: Wissen Sie, dass alle fortgeschrittensten Denker darin übereinstimmen, dass die Hälfte der Krankheiten der modernen Zivilisation auf den Mangel an Zuneigung der Jugend zurückzuführen ist? Jetzt *ich* -

VIVIE unterbricht ihn: Du bist sehr ermüdend. [Sie öffnet die Innentür] Haben Sie dort Platz für Frank? Er klagt über Hunger.

MRS WARREN [innen] Natürlich gibt es [das Klappern von Messern und Gläsern, während sie die Dinge auf dem Tisch bewegt]. Hier! Neben mir ist jetzt Platz. Kommen Sie, Herr Frank.

FRANK. Dafür wird ihr kleiner Junge mit seinen Vivvums sehr dankbar sein. [Er geht in die Küche].

MRS WARREN [innerhalb] Hier, Vivie: Komm auch du, Kind. Sie müssen ausgehungert sein. [Sie kommt herein, gefolgt von Crofts, der mit deutlicher Ehrerbietung die Tür aufhält. Sie geht hinaus, ohne ihn anzusehen; und er schließt die Tür hinter ihr]. Warum George, du kannst nicht fertig werden: Du hast nichts gegessen. Stimmt etwas mit dir nicht?

CROFTS. Oh, ich wollte nur etwas trinken. [Er steckt die Hände in die Taschen und beginnt unruhig und mürrisch im Zimmer umherzustreifen.]

FRAU WARREN: Nun, ich esse gern genug. Aber ein bisschen von dem kalten Rindfleisch und Käse und Salat reicht schon aus. [Mit einem Seufzer der halben Sättigung setzt sie sich träge auf die Bank.]

CROFTS: Warum ermutigen Sie diesen jungen Welpen?

Mrs. Warren [sofort aufmerksam]: Hören Sie mal, George: was haben Sie mit dem Mädchen vor? Ich habe beobachtet, wie Sie sie ansehen. Denken Sie daran: Ich kenne Sie und weiß, was Ihre Blicke bedeuten.

CROFTS: Es kann doch nicht schaden, sie anzusehen, oder?

Frau Warren. Ich würde dich bald rausschmeißen und nach London zurückbringen, wenn ich deinen Unsinn sähe. Der kleine Finger meines Mädchens bedeutet mir mehr als dein ganzer Körper und deine ganze Seele. [Crofts nimmt dies mit einem spöttischen Grinsen entgegen. Mrs. Warren errötet ein wenig, weil es ihr nicht gelungen ist, ihm die Rolle einer theatralisch hingebungsvollen Mutter aufzuzwingen, und fügt leise hinzu: „Beruhigen Sie sich: Der junge Welpe hat nicht mehr Chancen als Sie."

CROFTS. Darf sich ein Mann nicht für ein Mädchen interessieren?

Frau Warren. Kein Mann wie du.

CROFTS. Wie alt ist sie?

Frau Warren. Egal, wie alt sie ist.

CROFTS. Warum machen Sie so ein Geheimnis daraus?

Frau Warren. Weil ich wähle.

CROFTS. Nun, ich bin noch nicht fünfzig; und mein Eigentum ist so gut wie immer –

Frau (unterbricht ihn): Ja; Weil du ebenso geizig wie bösartig bist .

CROFTS [Fortsetzung] Und einen Baronet kann man nicht jeden Tag hochnehmen.

Kein anderer Mann in meiner Position würde sich mit dir als Schwiegermutter abfinden. Warum sollte sie mich nicht heiraten?

Frau Warren. Du!

CROFTS. Wir drei könnten ganz bequem zusammenleben. Ich würde vor ihr sterben und ihr eine lebhafte Witwe mit viel Geld hinterlassen. Warum nicht? Es ist mir die ganze Zeit über in den Sinn gekommen, als ich mit diesem Idioten dort drinnen herumgelaufen bin.

MRS WARREN [empört] Ja; So etwas *würde* einem in den Sinn kommen.

[Er hält in seinem Herumstreifen inne; und die beiden schauen einander an, sie standhaft, mit einer Art Ehrfurcht hinter ihrem verächtlichen Ekel; er heimlich, mit einem fleischlichen Glanz in den Augen und einem lockeren Grinsen.]

CROFTS (wird plötzlich ängstlich und drängend, da er kein Zeichen von Mitgefühl in ihr sieht) Schau mal, Kitty: Du bist eine vernünftige Frau: Du brauchst keine moralischen Allüren an den Tag zu legen. Ich werde keine Fragen mehr stellen; und Sie brauchen keine Antwort. Ich werde das ganze Vermögen auf sie abrechnen; Und wenn Sie am Hochzeitstag einen Scheck für sich selbst haben möchten, können Sie – mit gutem Grund – eine beliebige Figur benennen.

Frau Warren. So weit ist es also bei dir, George, wie bei all den anderen abgenutzten alten Geschöpfen!

CROFTS [wild] Verdammt!

[Bevor sie etwas erwidern kann, wird die Küchentür geöffnet; und die Stimmen der anderen sind wieder zu hören. Crofts, der seine Geistesgegenwart nicht wiedererlangen kann, eilt aus der Hütte. Der Geistliche erscheint an der Küchentür.]

REV. S. [schaut sich um] Wo ist Sir George?

Frau Warren. Ausgegangen, um eine Pfeife zu trinken. [Der Geistliche nimmt seinen Hut vom Tisch und setzt sich zu Frau Warren an den Kamin. Währenddessen kommt Vivie herein, gefolgt von Frank, der sich mit einem Gesichtsausdruck äußerster Erschöpfung auf den nächsten Stuhl fallen lässt. Mrs. Warren schaut sich zu Vivie um und sagt, mit ihrer vorgetäuschten mütterlichen Gönnerschaft noch gezwungener als sonst: „Na, Liebling: Hattest du ein gutes Abendessen?"

VIVIE. Sie wissen, was Mrs. Alisons Abendessen sind. [Sie dreht sich zu Frank um und streichelt ihn] Armer Frank! War das ganze Rindfleisch weg? Hat es nichts als Brot und Käse und Ingwerbier bekommen? [Im Ernst, als hätte sie für einen Abend schon genug Kleinigkeiten getan] Ihre Butter ist wirklich schrecklich. Ich muss welche aus den Läden besorgen.

FRANK. Tun Sie es, im Namen des Himmels!

[Vivie geht zum Schreibtisch und macht eine Notiz, um die Butter zu bestellen. Praed kommt aus der Küche und steckt sein Taschentuch weg, das er als Serviette benutzt.]

REV. S. Frank, mein Junge: Es ist Zeit für uns, an die Heimat zu denken.

Deine Mutter weiß noch nicht, dass wir Besuch haben.

Gelobt. Ich fürchte, wir machen Ärger.

FRANK (steht auf) Nicht das Geringste: Meine Mutter wird sich freuen, dich zu sehen. Sie ist eine wirklich intellektuelle und künstlerische Frau; und sie sieht von einem Jahr zum anderen niemanden hier außer dem Gouverneur ; Sie können sich also vorstellen, wie langweilig es für sie ist. [Zu seinem Vater] Du bist weder intellektuell noch künstlerisch: Bist du Pater? Bringen Sie Praed also sofort nach Hause. und ich werde hier bleiben und Frau Warren unterhalten. Du wirst Crofts im Garten abholen. Er wird eine ausgezeichnete Gesellschaft für den Bullenwelpen sein.

PRAED (nimmt seinen Hut von der Kommode und nähert sich Frank): Komm mit uns, Frank. Frau Warren hat Miss Vivie schon lange nicht mehr gesehen; und wir haben sie bisher daran gehindert, einen Moment zusammen zu verbringen.

FRANK [ganz sanft und sieht Praed mit romantischer Bewunderung an] Natürlich. Ich habe vergessen. Vielen Dank, dass Sie mich daran erinnert haben. Perfekter Gentleman, Paddy . Waren es schon immer. Mein Ideal durchs Leben. [Er steht auf, um zu gehen, hält aber einen Moment zwischen den beiden älteren Männern inne und legt seine Hand auf Praeds Schulter]. Ach, wenn du nur mein Vater gewesen wärst und nicht dieser unwürdige alte Mann! [Er legt seine andere Hand auf die Schulter seines Vaters].

REV. S. [polternd] Schweigen, mein Herr, Schweigen: Sie sind profan.

MRS WARREN (lacht herzhaft) Du solltest ihn besser in Ordnung bringen, Sam. Gute Nacht. Hier: Nimm George seinen Hut und bleib bei meinen Komplimenten.

REV. S. (nimmt sie): Gute Nacht. [Sie schütteln sich die Hände. Als er an Vivie vorbeikommt , schüttelt er ihr ebenfalls die Hand und wünscht ihr eine gute Nacht. Dann mit dröhnendem Befehl an Frank: Kommen Sie sofort mit, Sir. [Er geht raus].

Frau Warren. Tschüss , Paddy .

Gelobt. Tschüss , Kitty.

[Sie geben sich liebevoll die Hand und gehen gemeinsam hinaus, sie begleitet ihn zum Gartentor.]

FRANK [zu Vivie] Kissums ?

VIVIE (heftig): Nein. Ich hasse dich. [Sie nimmt ein paar Bücher und etwas Papier vom Schreibtisch und setzt sich damit an den mittleren Tisch, ganz hinten neben dem Kamin].

FRANK [verzieht das Gesicht] Tut mir leid. [Er holt seine Mütze und sein Gewehr. Frau Warren kehrt zurück. Er nimmt ihre Hand.] Gute Nacht, liebe Frau Warren. [Er küsst ihre Hand. Sie reißt es ihm weg, ihre Lippen werden enger und es sieht aus, als wäre sie mehr als bereit, ihm eine Ohrfeige zu geben. Er lacht schelmisch und rennt davon, klatschend an die Tür hinter ihm.

MRS WARREN [gibt sich mit einem Abend voller Langeweile ab, nachdem die Männer weg sind] Haben Sie jemals in Ihrem Leben jemanden so reden hören? Ist er nicht ein Scherz? [Sie sitzt am Tisch]. Wenn ich darüber nachdenke, mein Lieber, ermutigen Sie ihn nicht. Ich bin mir sicher, dass er ein gewöhnlicher Taugenichts ist.

VIVIE (steht auf, um weitere Bücher zu holen) Ich fürchte schon. Armer Frank! Ich werde ihn loswerden müssen; aber er wird mir leid tun, auch wenn er es nicht wert ist. Dieser Mann Crofts scheint mir auch nicht viel zu taugen: oder? [Sie wirft die Bücher ziemlich unsanft auf den Tisch.]

MRS WARREN [verärgert über Vivies Gleichgültigkeit] Was weißt du über Männer, Kind, die so über sie reden? Sie müssen sich entscheiden, viel von Sir George Crofts zu sehen, da er ein Freund von mir ist.

VIVIE [ganz ungerührt] Warum? [Sie setzt sich und schlägt ein Buch auf]. Erwarten Sie, dass wir viel zusammen sein werden? Du und ich, meine ich?

MRS WARREN [starrt sie an] Natürlich: bis Sie verheiratet sind. Du gehst nicht wieder aufs College.

VIVIE. Glaubst du, mein Lebensstil würde zu dir passen? Das bezweifle ich.

Frau Warren. Deine Art zu leben! Wie meinst du das?

VIVIE (schneidet mit dem Papiermesser an ihrem Chatelaine eine Seite ihres Buches ab) Ist dir wirklich nie in den Sinn gekommen, Mutter, dass ich einen Lebensstil habe wie andere Menschen?

Frau Warren. Was für ein Unsinn versuchst du da zu reden? Möchten Sie Ihre Unabhängigkeit zeigen, jetzt, wo Sie in der Schule ein toller kleiner Mensch sind? Sei kein Dummkopf, Kind.

VIVIE (nachsichtig) Das ist alles, was du zu diesem Thema zu sagen hast, nicht wahr, Mutter?

MRS WARREN (verwirrt, dann wütend) Stellen Sie mir nicht ständig solche Fragen. [Heftig] Halten Sie den Mund. [Vivie arbeitet weiter, verliert keine Zeit und sagt nichts]. In der Tat Sie und Ihre Lebensart! Was als nächstes? [Sie sieht Vivie wieder an. Keine Antwort].

Deine Lebensweise wird so sein, wie es mir gefällt, also wird es so sein. [Noch eine Pause]. Ich habe diese Allüren in dir bemerkt, seit du diese Tripos oder wie auch immer du es nennst, hast. Wenn Sie denken, dass ich sie ertragen werde, irren Sie sich. Und je früher Sie es herausfinden, desto besser. [Murmeln] Eigentlich ist das alles, was ich zu diesem Thema zu sagen habe! [erhebt wieder wütend ihre Stimme] Wissen Sie, mit wem Sie sprechen, Fräulein?

VIVIE (schaut zu ihr herüber, ohne den Kopf von ihrem Buch zu heben) Nein. Wer bist du? Was bist du?

MRS WARREN (steht atemlos auf) Du junger Kobold!

VIVIE. Jeder kennt meinen Ruf, meine gesellschaftliche Stellung und den Beruf, den ich ausüben möchte. Ich weiß nichts über dich. Was ist das für eine Lebensweise, die Sie mich einladen, mit Ihnen und Sir George Crofts zu teilen, bitte?

Frau Warren. Aufpassen. Ich werde etwas tun, was mir danach leid tun wird, und du auch.

VIVIE (legt ihre Bücher mit kühler Entscheidung beiseite) Nun, lassen wir das Thema fallen, bis Sie besser in der Lage sind, damit klarzukommen. [sieht ihre Mutter kritisch an] Du willst ein paar schöne Spaziergänge und ein bisschen Rasentennis, um dich fit zu machen. Du bist erschreckend außer Form: Du hast heute keine zwanzig Meter bergauf geschafft, ohne innezuhalten und zu keuchen; und deine Handgelenke sind bloße Fettwülste. Guck dir meins an. [Sie streckt ihre Handgelenke aus].

MRS WARREN (nachdem sie sie hilflos angesehen hat, beginnt zu wimmern) Vivie –

VIVIE (springt scharf auf) Jetzt bitte, fange nicht an zu weinen. Alles außer das. Ich kann das Wimmern wirklich nicht ertragen. Wenn du das tust, werde ich den Raum verlassen.

MRS WARREN (mitleiderregend) Oh, mein Schatz, wie kannst du so hart zu mir sein? Habe ich keine Rechte an dir als deiner Mutter?

VIVIE. Bist du meine Mutter?

FRAU WARREN. *Bin* ich deine Mutter? Oh, Vivie!

VIVIE: Wo sind dann unsere Verwandten? Mein Vater? Unsere Familienfreunde? Du beanspruchst die Rechte einer Mutter: das Recht, mich Dummkopf und Kind zu nennen; mit mir zu sprechen, wie keine Frau, die mir im College untersteht, es wagt, mit mir zu sprechen; mir meinen Lebensweg vorzuschreiben und mir die Bekanntschaft eines Viehs aufzuzwingen, das jeder als den bösartigsten Londoner Typ von Stadtmenschen erkennt. Bevor ich mir die Mühe mache, solche Ansprüche zu bekämpfen, kann ich genauso gut herausfinden, ob sie wirklich existieren.

MRS WARREN [abgelenkt, wirft sich auf die Knie] Oh nein, nein.

Halt halt. Ich *bin* deine Mutter: Ich schwöre es. Oh, du kannst doch nicht die Absicht haben, dich gegen mich zu wenden – mein eigenes Kind! es ist nicht natürlich. Du glaubst mir, nicht wahr? Sagen Sie, Sie glauben mir.

VIVIE. Wer war mein Vater?

Frau Warren. Du weißt nicht, was du fragst. Ich kann es dir nicht sagen.

VIVIE (entschlossen) Oh ja, das kannst du, wenn du willst. Ich habe ein Recht darauf, es zu wissen; und Sie wissen sehr gut, dass ich dieses Recht habe. Wenn Sie möchten, können Sie sich weigern, es mir zu sagen. aber wenn du das tust, wirst du morgen früh das letzte von mir sehen.

Frau Warren. Oh, es ist zu schrecklich, dich so reden zu hören. Du würdest – du *könntest* mich nicht verlassen.

VIVIE (unbarmherzig) Ja, ohne einen Moment zu zögern, wenn Sie mir diesbezüglich etwas vormachen. [zittert vor Ekel] Wie kann ich sicher sein, dass ich nicht das verseuchte Blut dieses brutalen Verschwenders in meinen Adern habe?

Frau Warren. Nein, nein. Ich schwöre, er ist es nicht, und auch keiner der anderen, denen Sie je begegnet sind. Da bin ich mir zumindest sicher.

[Vivies Blick richtet sich streng auf ihre Mutter, als ihr die Bedeutung dessen klar wird.]

VIVIE (langsam): Da bist du dir zumindest *sicher* . Ah! Sie meinen, das ist alles, worüber Sie sich sicher sind. [Nachdenklich] Ich verstehe. [Frau Warren vergräbt ihr Gesicht in ihren Händen]. Tu das nicht, Mutter: Du weißt, dass du es überhaupt nicht spürst. [Frau Warren nimmt ihre Hände herunter und blickt beklagenswert zu Vivie auf, die ihre Uhr herausnimmt und sagt:] Nun, das ist genug für heute Abend. Zu welcher Uhrzeit möchten Sie frühstücken? Ist Ihnen halb acht zu früh?

MRS WARREN (wild) Mein Gott, was für eine Frau sind Sie?

VIVIE (kühl): Ich hoffe, die Sorte, aus der die Welt größtenteils besteht. Ansonsten verstehe ich nicht, wie es sein Geschäft erledigt.

Komm [ergreife ihre Mutter am Handgelenk und ziehe sie ziemlich entschlossen hoch]: Reiß dich zusammen. Das ist richtig.

MRS WARREN (nörgelnd) Du bist sehr grob zu mir, Vivie.

VIVIE. Unsinn. Was ist mit dem Bett? Es ist nach zehn.

MRS WARREN (leidenschaftlich): Was nützt es, wenn ich ins Bett gehe? Glaubst du, ich könnte schlafen?

VIVIE. Warum nicht? Ich sollte.

Frau Warren. Du! Du hast kein Herz. [Sie bricht plötzlich vehement in ihrer natürlichen Sprache aus – dem Dialekt einer Frau aus dem Volk – ohne all ihre Affekte mütterlicher Autorität und konventioneller Manieren, und eine überwältigende Inspiration wahrer Überzeugung und Verachtung in ihr] Oh, ich werde es nicht ertragen : Ich werde die Ungerechtigkeit nicht ertragen. Welches Recht hast du, dich so über mich zu stellen? Du prahlst damit, was du für mich bist – für *mich* , der dir die Chance gegeben hat, das zu sein, was du bist. Welche Chance hatte ich? Schäme dich für deine schlechte Tochter und deinen hochnäsigen Prüden!

VIVIE [setzt sich achselzuckend hin, nicht mehr zuversichtlich; denn ihre Antworten, die für sie bisher vernünftig und stark klangen, klingen nun im Gegensatz zum neuen Tonfall ihrer Mutter eher hölzern und sogar arrogant.] Denken Sie keinen Moment, ich würde mich in irgendeiner Weise über Sie stellen. Sie haben mich mit der konventionellen Autorität einer Mutter angegriffen: Ich habe mich mit der konventionellen Überlegenheit einer respektablen Frau verteidigt. Ehrlich gesagt werde ich Ihren Unsinn nicht ertragen; und wenn du es fallen lässt , erwarte ich nicht, dass du irgendetwas von mir erträgst. Ich werde immer Ihr Recht auf Ihre eigene Meinung und Ihren eigenen Lebensstil respektieren.

FRAU WARREN: Meine eigene Meinung und mein eigener Lebensstil! Hören Sie ihr zu! Glauben Sie, ich bin so erzogen worden wie Sie? Ich konnte mir meinen eigenen Lebensstil aussuchen? Glauben Sie, ich habe getan, was ich getan habe, weil es mir Spaß gemacht hat oder weil ich es für richtig hielt, oder weil ich nicht lieber aufs College gegangen wäre und eine Dame geworden wäre, wenn ich die Chance dazu gehabt hätte?

VIVIE. Jeder hat eine Wahl, Mutter. Das ärmste Mädchen der Welt kann sich vielleicht nicht entscheiden, ob es Königin von England oder Rektorin von Newnham werden will; aber es kann wählen, ob es Lumpen sammeln oder Blumen verkaufen will , je nach seinem Geschmack. Die Leute geben immer den Umständen die Schuld für das, was sie sind. Ich glaube nicht an Umstände. Die Leute, die in dieser Welt vorankommen, sind die Leute, die aufstehen und nach den Umständen suchen, die sie wollen, und, wenn sie sie nicht finden können, sie schaffen.

Frau Warren. Oh, es ist einfach zu reden, nicht wahr? Hier! Möchten Sie wissen, wie *meine* Umstände waren?

VIVIE. Ja, du solltest es mir besser sagen. Willst du dich nicht hinsetzen?

Frau Warren. Oh, ich setze mich: Hab keine Angst. [Sie schiebt ihren Stuhl mit dreister Energie weiter nach vorne und setzt sich. Vivie ist wider Willen beeindruckt. Weißt du, was deine Großmutter war?

VIVIE. NEIN.

Frau Warren. Nein, das tust du nicht. Ich tue. Sie bezeichnete sich selbst als Witwe und betrieb unten bei der Münze einen Laden für frittierten Fisch, von dem sie sich und ihre vier Töchter fernhielt. Zwei von uns waren Schwestern: das waren ich und Liz; und wir sahen beide gut aus und waren gut gemacht. Ich nehme an, unser Vater war ein wohlgenährter Mann; Mutter gab vor, er sei ein Gentleman; aber ich weiß es nicht. Die anderen beiden waren nur Halbschwestern : untergroße, hässliche, ausgehungerte, hart arbeitende , ehrliche, arme Geschöpfe: Liz und ich hätten sie halb ermordet, wenn Mutter uns nicht halb ermordet hätte, um die Finger von ihnen zu lassen. Sie waren die Anständigen. Nun, was haben sie durch ihre Seriosität erreicht? Ich werde Ihnen sagen. Eine von ihnen arbeitete zwölf Stunden am Tag für neun Schilling pro Woche in einer Bleibleifabrik , bis sie an einer Bleivergiftung starb. Sie rechnete nur damit, dass ihre Hände ein wenig gelähmt würden; aber sie ist gestorben. Die andere wurde uns immer als Vorbild vor Augen gehalten, weil sie einen Regierungsarbeiter auf dem Lebensmittelhof von Deptford heiratete und sein Zimmer und die drei Kinder mit achtzehn Schilling pro Woche sauber und ordentlich hielt – bis er anfing zu trinken. Dafür lohnt es sich, respektvoll zu sein, nicht wahr?

VIVIE [jetzt nachdenklich aufmerksam] Haben Sie und Ihre Schwester das gedacht?

Frau Warren. Liz hatte das nicht, das kann ich Ihnen sagen: Sie hatte mehr Elan. Wir gingen beide auf eine kirchliche Schule – das war Teil der damenhaften Miene, mit der wir uns den Kindern überlegen wollten, die nichts wussten und nirgendwohin gingen – und wir blieben dort, bis Liz eines Abends ausging und nie wieder zurückkam. Ich weiß, dass die Schulleiterin dachte, ich würde ihrem Beispiel bald folgen; denn der Geistliche warnte mich immer, dass Lizzie am Ende von der Waterloo Bridge springen würde. Armer Idiot: Das war alles, was er darüber wusste! Aber ich hatte mehr Angst vor der Bleibleifabrik als vor dem Fluss; und so wärst du an meiner Stelle gewesen. Dieser Geistliche verschaffte mir eine Anstellung als Spülmädchen in einem Abstinenzrestaurant, wo alles rausgeschickt wurde, was man wollte. Dann war ich Kellnerin; und dann ging ich zur Bar am Bahnhof Waterloo: vierzehn Stunden am Tag Getränke servieren und Gläser spülen für vier Schilling pro Woche und meine Verpflegung. Für mich war das eine tolle Beförderung. Nun, in einer kalten, erbärmlichen Nacht, als ich so müde war , dass ich mich kaum wach halten konnte, wer hätte hier herkommen sollen, um einen halben Scotch zu trinken, außer Lizzie, in einem langen Pelzmantel, elegant und bequem, mit einer Menge Goldmünzen in der Handtasche .

VIVIE (grimmig) Meine Tante Lizzie!

Frau Warren. Ja; und auch eine sehr gute Tante. Sie wohnt jetzt unten in Winchester, in der Nähe der Kathedrale, und ist eine der angesehensten Damen dort. Bitte betreuen Sie die Mädels beim Country-Ball. Kein Fluss für Liz, danke! Du erinnerst mich ein wenig an Liz: Sie war eine erstklassige Geschäftsfrau – sie hat von Anfang an Geld gespart – sie hat nie zu sehr den Eindruck gemacht, sie zu sein – sie hat nie den Kopf verloren oder eine Chance vertan. Als sie sah, dass ich gut aussehend geworden war, sagte sie

über die Bar hinweg zu mir: „Was machst du da, du kleiner Idiot?"
Zermürbe deine Gesundheit und dein Aussehen zum Wohle anderer!" Liz
sparte damals Geld, um sich ein Haus in Brüssel zu kaufen; und sie dachte,
wir zwei könnten schneller sparen als einer. Also lieh sie mir etwas Geld und
gab mir einen Startschuss. und ich habe stetig gespart und ihr zunächst das
Geld zurückgezahlt und bin dann mit ihr als Partner ins Geschäft
eingestiegen. Warum hätte ich es nicht tun sollen? Das Haus in Brüssel war
wirklich erstklassig: ein viel besserer Ort für eine Frau als die Fabrik, in der
Anne Jane vergiftet wurde. Keines der Mädchen wurde jemals so behandelt
wie ich in der Spülküche dieses Abstinenzlokals, in der Waterloo-Bar oder
zu Hause. Hätten Sie dafür gesorgt, dass ich darin bleibe und ein erschöpfter
alter Arbeiter werde, bevor ich vierzig bin?

VIVIE [zu diesem Zeitpunkt sehr interessiert] Nein; Aber warum haben Sie
sich für dieses Geschäft entschieden? Geldsparen und gutes Management
werden in jedem Unternehmen erfolgreich sein.

Frau Warren. Ja, Geld sparen. Aber woher kann eine Frau das Geld nehmen,
um in einem anderen Geschäft zu sparen? Könnten Sie vier Schilling pro
Woche sparen und sich gleichzeitig anziehen? Nicht du. Natürlich, wenn Sie
eine einfache Frau sind und nichts mehr verdienen können; oder wenn Sie
ein Faible für Musik, die Bühne oder das Schreiben von Zeitungen haben:
das ist anders. Aber weder Liz noch ich waren für solche Dinge imstande:
Alles, was wir hatten, war unser Aussehen und unsere Chance, Männern zu
gefallen. Glauben Sie, dass wir so dumm waren, zuzulassen, dass andere
Leute unser gutes Aussehen eintauschen, indem sie uns als Verkäuferinnen,
Bardamen oder Kellnerinnen anstellten, obwohl wir selbst damit handeln
und den gesamten Gewinn anstelle von Hungerlöhnen erzielen konnten?
Unwahrscheinlich.

VIVIE. Sie hatten durchaus Recht – aus geschäftlicher Sicht.

Frau Warren. Ja; oder irgendeine andere Sichtweise. Wozu sollte ein
anständiges Mädchen erzogen werden, als die Aufmerksamkeit eines reichen
Mannes zu wecken und durch seine Heirat von seinem Geld zu profitieren?
– als ob eine Hochzeitszeremonie irgendeinen Unterschied darüber machen
könnte, ob die Sache richtig oder falsch ist! Oh, die Heuchelei der Welt
macht mich krank! Liz und ich mussten wie andere Menschen arbeiten,
sparen und rechnen; Sonst wären wir genauso arm wie jede nichtsnutzige,
betrunkene Frau, die glaubt, ihr Glück würde ewig währen . [Mit großer
Energie] Ich verachte solche Leute: Sie haben keinen Charakter; Und wenn
es etwas gibt, was ich an einer Frau hasse, dann ist es der Mangel an
Charakter.

VIVIE. Komm jetzt, Mutter: Ehrlich gesagt! Gehört es nicht zu dem, was Sie als Charakter einer Frau bezeichnen, dass ihr eine solche Art des Geldverdienens überhaupt nicht gefällt?

Frau Warren. Warum natürlich. Jeder mag es nicht, arbeiten und Geld verdienen zu müssen; aber sie müssen es trotzdem tun. Ich bin mir sicher, dass ich oft Mitleid mit einem armen Mädchen hatte, das müde und deprimiert war und versuchen musste, einem Mann zu gefallen, der ihr völlig egal war – ein halb betrunkener Idiot, der glaubte, sich sympathisch zu machen, wenn er es tat eine Frau zu necken, zu beunruhigen und zu verabscheuen, so dass kaum Geld sie dafür bezahlen konnte, sich das gefallen zu lassen. Aber sie muss Unannehmlichkeiten ertragen und das Raue mit dem Sanften ertragen, genau wie eine Krankenschwester im Krankenhaus oder jeder andere. Gott weiß, es ist keine Arbeit, die eine Frau zum Vergnügen machen würde; Wenn man jedoch die frommen Leute reden hört, könnte man meinen, es sei ein Rosenbeet.

VIVIE. Dennoch halten Sie es für lohnenswert . Es zahlt.

Frau Warren. Natürlich lohnt es sich für ein armes Mädchen, wenn es der Versuchung widerstehen kann, gut aussieht, sich gut benimmt und vernünftig ist. Es ist weitaus besser als jede andere Beschäftigung, die ihr offen steht.

Ich dachte immer, dass das nicht sein sollte. Es *kann nicht* richtig sein, Vivie, dass es keine besseren Chancen für Frauen geben sollte. Ich bleibe dabei: Es ist falsch. Aber es ist so, richtig oder falsch; und ein Mädchen muss das Beste daraus machen. Aber für eine Dame lohnt es sich natürlich nicht. Wenn du es annehmen würdest, wärst du ein Narr; aber ich wäre ein Narr gewesen, wenn ich mich für etwas anderes entschieden hätte.

VIVIE (immer tiefer bewegt) Mutter: Angenommen, wir wären beide so arm wie du in diesen elenden alten Zeiten, bist du dann ganz sicher, dass du mir nicht raten würdest, die Waterloo-Bar auszuprobieren, einen Arbeiter zu heiraten oder gar dorthin zu gehen? in die Fabrik?

MRS WARREN [empört] Natürlich nicht. Für was für eine Mutter halten Sie mich! Wie konnte man in so viel Hunger und Sklaverei seine Selbstachtung bewahren? Und was ist eine Frau wert? Was ist das Leben wert? ohne Selbstachtung! Warum bin ich unabhängig und in der Lage, meiner Tochter eine erstklassige Ausbildung zu ermöglichen, wenn andere Frauen, die ebenso gute Chancen hatten, in der Gosse sind? Weil ich immer wusste, wie ich mich selbst respektieren und kontrollieren kann. Warum wird in einer Domstadt zu Liz aufgeschaut? Aus demselben Grund. Wo wären wir jetzt, wenn uns die Dummheit des Geistlichen gestört hätte? Fußböden schrubben für einen und sechs Pence pro Tag und nichts, worauf man sich freuen kann außer der Krankenstation im Arbeitshaus. Lass dich nicht von Leuten in die Irre führen, die die Welt nicht kennen, mein Mädchen. Die einzige Möglichkeit für eine Frau, anständig für sich selbst zu sorgen, besteht darin, gut zu einem Mann zu sein, der es sich leisten kann, gut zu ihr zu sein. Wenn sie in seinem eigenen Lebensstand ist, soll sie ihn dazu bringen, sie zu heiraten. aber wenn sie weit unter ihm ist, kann sie es nicht erwarten: Warum sollte sie? es wäre nicht zu ihrem eigenen Glück. Fragen Sie jede Dame in der Londoner Gesellschaft, die Töchter hat; und sie wird dir das Gleiche sagen, nur dass ich es dir klar sage und sie es dir falsch sagen wird. Das ist der ganze Unterschied.

VIVIE [sieht sie fasziniert an] Meine liebe Mutter, du bist eine wundervolle Frau: du bist stärker als ganz England. Und zweifeln Sie wirklich und wahrhaftig nicht im Geringsten – oder – oder – schämen Sie sich?

Frau Warren. Nun, natürlich, mein Lieber, es ist nur gute Manieren, sich dafür zu schämen: Es wird von einer Frau erwartet. Frauen müssen so tun, als würden sie vieles fühlen, was sie nicht fühlen. Liz war immer wütend auf mich, weil ich die Wahrheit herausgefunden habe. Sie pflegte zu sagen, dass es nicht nötig sei, mit ihr darüber zu reden, wenn jede Frau genug von dem lernen könne, was in der Welt vor ihren Augen vor sich gehe. Aber dann war Liz so eine perfekte Frau! Sie hatte den wahren Instinkt dafür; Dabei war ich immer ein bisschen vulgär. Ich habe mich so gefreut, als du mir deine Fotos geschickt hast, um zu sehen, dass du wie Liz aufgewachsen bist: Du hast einfach ihre damenhafte, entschlossene Art. Aber ich kann es nicht ertragen, das eine zu sagen, wenn jeder weiß, dass ich das andere meine. Was nützt solche Heuchelei? Wenn Menschen die Welt für Frauen so einrichten, ist es sinnlos, so zu tun, als wäre sie anders geregelt. Nein: Ich habe mich eigentlich nie ein bisschen geschämt. Ich glaube, ich hatte das Recht, stolz darauf zu sein, wie wir alles so respektvoll gemeistert haben, nie ein Wort gegen uns verloren haben und wie gut für die Mädchen gesorgt wurde. Einigen von ihnen ging es sehr gut: Einer von ihnen heiratete einen Botschafter. Aber natürlich traue ich mich jetzt nicht , über solche Dinge zu sprechen: Was würden sie von uns denken? [Sie gähnt]. Oh je! Ich glaube, ich werde doch müde. [Sie streckt sich träge, völlig erleichtert von ihrer Explosion und friedlich bereit für ihre Nachtruhe].

VIVIE. Ich glaube, ich bin es, der jetzt nicht schlafen kann. [Sie geht zur Kommode und zündet die Kerze an. Dann löscht sie die Lampe und verdunkelt den Raum erheblich. Lassen Sie besser etwas frische Luft herein, bevor Sie den Verschluss abschließen. [Sie öffnet die Tür der Hütte und stellt fest, dass es helles Mondlicht ist.] Was für eine schöne Nacht! Sehen! [Sie zieht die Vorhänge vor dem Fenster zu. Die Landschaft ist in den Glanz des Erntemondes getaucht, der über Blackdown aufgeht .

MRS WARREN [mit einem oberflächlichen Blick auf die Szene] Ja, mein Lieber; Aber passen Sie auf, dass Sie sich nicht durch die Nachtluft den Tod holen.

VIVIE (verächtlich) Unsinn.

MRS WARREN (nörgelnd) Oh ja, Ihrer Meinung nach ist alles, was ich sage, Unsinn.

VIVIE (dreht sich schnell zu ihr um) Nein, das ist wirklich nicht so, Mutter.

Du hast mich heute Abend völlig überwältigt, obwohl ich es andersherum beabsichtigt hatte. Lasst uns jetzt gute Freunde sein.

MRS WARREN [schüttelt ein wenig reumütig den Kopf] Es *war also* umgekehrt. Aber ich glaube, ich muss dem nachgeben. Ich habe immer das Schlimmste von Liz bekommen; Und jetzt denke ich, dass es bei dir genauso sein wird.

VIVIE. Na ja, egal. Komm: Gute Nacht, liebe alte Mutter. [Sie nimmt ihre Mutter in die Arme].

MRS WARREN (zärtlich) Ich habe dich gut erzogen, nicht wahr, Liebling?

VIVIE. Du machtest.

Frau Warren. Und du wirst deiner armen alten Mutter dafür gut tun, nicht wahr?

VIVIE. Ich werde liebling. [küsst sie] Gute Nacht.

MRS WARREN [mit der Salbung] Segen für mich selbst, mein Schatz! ein Segen einer Mutter!

[Sie umarmt ihre Tochter beschützend und blickt instinktiv nach oben, um göttliche Sanktion zu erwarten.]

Akt III

[Am nächsten Morgen im Garten des Pfarrhauses , während die Sonne vom wolkenlosen Himmel scheint. In der Mitte der Gartenmauer befindet sich ein hölzernes Tor mit fünf Gitterstäben, das breit genug ist, um eine Kutsche durchzulassen. Neben dem Tor hängt an einer Spiralfeder eine Glocke, die mit einem Zug draußen in Verbindung steht. Die Kutschenauffahrt verläuft mitten durch den Garten und biegt dann nach links ab, wo sie in einem kleinen, mit Kies bedeckten Zirkus gegenüber der Veranda des Pfarrhauses endet. Hinter dem Tor sieht man die staubige Hauptstraße, die parallel zur Mauer verläuft und auf der anderen Seite von einem Rasenstreifen und einem nicht eingezäunten Kiefernwald begrenzt wird. Auf dem Rasen zwischen dem Haus und der Auffahrt steht eine geschnittene Eibe, in deren Schatten eine Gartenbank steht. Auf der gegenüberliegenden Seite ist der Garten von einer Buchsbaumhecke umschlossen; und auf dem Rasen steht eine kleine Sonnenuhr und daneben ein eiserner Stuhl. Ein kleiner Weg führt durch die Buchsbaumhecke, hinter der Sonnenuhr.]

[Frank sitzt auf dem Stuhl neben der Sonnenuhr, auf die er die Morgenzeitung gelegt hat, und liest den Standard. Sein Vater kommt mit roten Augen und fröstelnd aus dem Haus und begegnet Franks Blick mit Besorgnis.]

FRANK (schaut auf die Uhr): Halb elf. Schöne Stunde für einen Pfarrer, zum Frühstück vorbeizukommen!

REV. S. Machen Sie sich nicht lustig, Frank: Machen Sie sich nicht lustig. Ich bin ein wenig – äh – [zitternd] –

FRANK. Aus der Farbe?

REV. S. [den Ausdruck zurückweisend] Nein, Sir: *Unwohl* heute Morgen. Wo ist deine Mutter?

FRANK. Seien Sie nicht beunruhigt: Sie ist nicht hier. Bin am 11.13 mit Bessie in die Stadt gefahren. Sie hat mehrere Nachrichten für Sie hinterlassen. Fühlen Sie sich bereit, sie jetzt zu empfangen, oder soll ich warten, bis Sie gefrühstückt haben?

REV. S. Ich habe gefrühstückt, Sir. Ich wundere mich, dass deine Mutter in die Stadt fährt, obwohl Leute bei uns wohnen. Sie werden es sehr seltsam finden.

FRANK. Möglicherweise hat sie darüber nachgedacht. Auf jeden Fall ist es, wenn Crofts hier bleibt und Sie jede Nacht bis vier Uhr bei ihm sitzen und sich an die Ereignisse Ihrer feurigen Jugend erinnern, eindeutig die Pflicht meiner Mutter als umsichtige Haushälterin, zu ihm zu gehen Durchstöbere die Geschäfte und bestelle ein Fass Whisky und ein paar hundert Siphons.

REV. S. Mir ist nicht aufgefallen, dass Sir George übermäßig getrunken hat.

FRANK. Sie waren dazu nicht in der Lage, Gouverneur .

REV. S. Wollen Sie damit sagen, dass *ich* –?

FRANK (ruhig): Ich habe noch nie einen begnadeten Geistlichen gesehen, der weniger nüchtern war. Die Anekdoten, die Sie über Ihre frühere Karriere erzählt haben , waren so schrecklich, dass ich wirklich nicht glaube, dass Praed die Nacht unter Ihrem Dach verbracht hätte, wenn meine Mutter und er nicht so ein gutes Verhältnis zueinander gehabt hätten .

REV. S. Unsinn, Sir. Ich bin der Gastgeber von Sir George Crofts. Ich muss mit ihm über etwas reden; und er hat nur ein Thema. Wo ist Herr? Praed jetzt?

FRANK. Er fährt meine Mutter und Bessie zum Bahnhof.

REV. S. Ist Crofts schon online?

FRANK. Oh, vor langer Zeit. Er hat kein Haar verdreht: Er ist in einer viel besseren Praxis als Sie. Hat wahrscheinlich seitdem so weitergemacht. Er hat sich zum Rauchen irgendwohin begeben.

[Frank setzt seine Arbeit fort. Der Pfarrer wendet sich trostlos dem Tor zu; kommt dann unentschlossen zurück.]

REV. S. Er – Frank.

FRANK. Ja.

REV. S. Glauben Sie, dass die Warrens damit rechnen werden, nach gestern Nachmittag hierher gefragt zu werden?

FRANK. Sie wurden bereits gefragt.

REV. S. [entsetzt] Was!!!

FRANK. Crofts teilte uns beim Frühstück mit, dass Sie ihm gesagt haben, er solle heute Frau Warren und Vivie hierherbringen und sie einladen, dieses Haus zu ihrem Zuhause zu machen. Dann stellte meine Mutter fest, dass sie mit dem Zug um 11.13 Uhr in die Stadt fahren musste.

REV. S. [mit verzweifelter Heftigkeit] Ich habe nie eine solche Einladung ausgesprochen. An so etwas habe ich noch nie gedacht.

FRANK (mitfühlend) Woher wissen Sie, Gouverneur , was Sie letzte Nacht gesagt und gedacht haben?

PRAED [kommt durch die Hecke herein] Guten Morgen.

REV. S. Guten Morgen. Ich muss mich dafür entschuldigen, dass ich Sie nicht beim Frühstück getroffen habe. Ich habe einen Hauch von – von –

FRANK. Halsschmerzen des Geistlichen, Praed . Zum Glück nicht chronisch.

PRAED (wechselt das Thema) Nun, ich muss sagen, dass Ihr Haus hier an einem bezaubernden Ort liegt. Wirklich bezaubernd.

REV. S. Ja, das ist es tatsächlich. Frank wird mit Ihnen spazieren gehen, Mr Praed , wenn Sie möchten. Ich bitte Sie, mich zu entschuldigen: Ich muss die Gelegenheit nutzen, meine Predigt zu schreiben, während Frau Gardner weg ist und Sie sich alle amüsieren. Es wird dir doch nichts ausmachen, oder?

Gelobt. Sicherlich nicht. Lassen Sie sich von mir nicht auf die geringste Zeremonie ein.

REV. S. Danke. Ich werde – äh – äh – [Er geht stotternd zur Veranda und verschwindet im Haus].

Gelobt. Seltsamerweise muss es sein, dass ich jede Woche eine Predigt schreibe.

FRANK. Ich bin sehr neugierig, ob er es geschafft hat. Er kauft sie . Er ist gegangen, um etwas Sodawasser zu trinken.

PRAED: Mein lieber Junge, ich wünschte, du würdest deinem Vater gegenüber respektvoller sein. Du weißt, dass du so nett sein kannst, wenn du willst.

FRANK. Mein lieber Praddy , du vergisst, dass ich mit dem Gouverneur zusammenleben muss. Wenn zwei Menschen zusammenleben – egal, ob Vater und Sohn oder Mann und Frau oder Bruder und Schwester – können sie nicht zehn Minuten lang den höflichen Humbug aufrechterhalten, der bei einem Nachmittagsbesuch so einfach ist. Nun, der Gouverneur, der neben vielen ˙ bewundernswerten häuslichen Eigenschaften die Unentschlossenheit eines Schafs und die Pompösität und Aggressivität eines Esels vereint –

PRAED: Nein, bitte, bitte, mein lieber Frank, vergiss es nicht! Er ist dein Vater.

FRANK. Dafür gebe ich ihm die gebührende Anerkennung. [Steht auf und wirft seine Zeitung hin] Aber stellen Sie sich vor, er würde Crofts sagen, er solle die Warrens hierher bringen! Er muss sehr betrunken gewesen sein. Wissen Sie, mein lieber Paddy , meine Mutter würde Mrs. Warren keinen

Moment ausstehen. Vivie darf nicht hierher kommen, bis sie zurück in die Stadt ist.

Gelobt. Aber Ihre Mutter weiß nichts über Mrs. Warren, oder? [Er nimmt die Zeitung und setzt sich hin, um sie zu lesen.]

FRANK. Ich weiß nicht. Ihre Reise in die Stadt sieht so aus, als ob sie es getan hätte. Nicht, dass es meiner Mutter auf die übliche Art und Weise etwas ausmachen würde: Sie hat vielen Frauen, die in Schwierigkeiten geraten waren, wie ein Ziegelstein zugetan. Aber es waren alles nette Frauen. Das ist es, was den wirklichen Unterschied ausmacht. Zweifellos hat Frau Warren ihre Verdienste; aber sie ist so lautstark; und meine Mutter wollte es einfach nicht ertragen. Also – hallo! [Dieser Ausruf wird durch das Wiederauftauchen des Geistlichen hervorgerufen, der in Eile und Bestürzung aus dem Haus kommt.]

REV. S. Frank: Frau Warren und ihre Tochter kommen mit Crofts über die Heide: Ich habe sie vom Fenster des Arbeitszimmers aus gesehen. Was *soll* ich über deine Mutter sagen?

FRANK. Setzen Sie Ihren Hut auf, gehen Sie raus und sagen Sie, wie sehr Sie sich freuen, sie zu sehen. und dass Frank im Garten ist; und dass Mutter und Bessie an das Bett eines kranken Verwandten gerufen wurden und es ihnen sehr leid tat, dass sie nicht aufhören konnten; und dass Sie hoffen, dass Frau Warren gut geschlafen hat; und – und – sagen Sie irgendetwas Segens außer der Wahrheit und überlassen Sie den Rest der Vorsehung.

REV. S. Aber wie werden wir sie danach wieder los?

FRANK. Jetzt ist keine Zeit, darüber nachzudenken. Hier! [Er springt ins Haus].

REV. S. Er ist so ungestüm. Ich weiß nicht, was ich mit ihm machen soll, Herr Gepraed .

FRANK [kommt mit einem kirchlichen Filzhut zurück, den er seinem Vater auf den Kopf setzt]. Jetzt: ab mit dir. [Stürmt ihn durch das Tor]. Praed und ich werden hier warten, um der Sache eine unvorhergesehene Note zu verleihen. [Der Geistliche, benommen, aber gehorsam, eilt davon].

FRANK. Wir müssen das alte Mädchen irgendwie zurück in die Stadt bringen, Praed . Kommen! Mal ehrlich, lieber Paddy , magst du es, sie zusammen zu sehen?

Gelobt. Ach, warum nicht?

FRANK [mit spitzen Zähnen] Macht es dir nicht eine ganz kleine Gänsehaut? Dieser böse alte Teufel, bis zu jeder Schurkerei unter der Sonne, das schwöre ich, und Vivie – pfui!

Gelobt. Still, bete. Sie kommen.

[Man sieht den Geistlichen und Crofts die Straße entlangkommen, gefolgt von Frau Warren und Vivie, die liebevoll zusammen gehen.]

FRANK. Schauen Sie: Sie hat tatsächlich ihren Arm um die Taille der alten Frau gelegt. Es ist ihr rechter Arm: Sie hat damit begonnen. Sie ist sentimental geworden, bei Gott! Pfui! Pfui! Spüren Sie jetzt eine Gänsehaut? [Der Geistliche öffnet das Tor: und Frau Warren und Vivie gehen an ihm vorbei und stehen mitten im Garten und schauen auf das Haus. Frank wendet sich in einer Ekstase der Verstellung fröhlich an Mrs. Warren und ruft: „Wir freuen uns sehr, Sie zu sehen, Mrs. Warren." Dieser ruhige alte Pfarrhausgarten passt perfekt zu Ihnen.

Frau Warren. Nun, ich nie! Hast du das gehört, George? Er sagt, dass ich in einem ruhigen alten Pfarrhausgarten gut aussehe.

Reverend S. hält Crofts immer noch das Tor auf, der gelangweilt hindurchschlendert: Sie machen rundherum einen guten Eindruck, Mrs. Warren.

FRANK. Bravo, Gouverneur ! Und jetzt hören Sie mal: Lassen Sie uns vor dem Mittagessen noch etwas essen. Sehen wir uns zuerst die Kirche an. Das muss jeder tun. Es ist eine ganz normale alte Kirche aus dem dreizehnten Jahrhundert, wissen Sie: Der Gouverneur hat sie sehr gern, weil er einen Restaurierungsfonds eingerichtet und sie vor sechs Jahren komplett neu aufbauen ließ. Praed wird seine Argumente vorbringen können.

PRAED [steht auf] Sicherlich, wenn durch die Restauration noch etwas übrig geblieben ist, das man zeigen kann.

REV. S. [sieht sie gastfreundlich an] Ich werde mich sicher freuen, wenn Sir George und Mrs. Warren sich wirklich darum kümmern würden.

Frau Warren. Oh, komm und bring es hinter dich.

CROFTS [dreht sich wieder zum Tor um] Ich habe nichts dagegen.

REV. S. Nicht so. Wir gehen durch die Felder, wenn es Ihnen nichts ausmacht. Runde hier. [Er geht voran auf dem kleinen Pfad durch die Buchsbaumhecke].

CROFTS. Oh, alles klar. [Er geht mit dem Pfarrer].

[Praed folgt mit Frau Warren. Vivie rührt sich nicht: Sie beobachtet sie, bis sie gegangen sind, wobei die Entschlossenheit in ihrem Gesicht deutlich zu erkennen ist.]

FRANK. Kommst du nicht ?

VIVIE. Nein. Ich möchte dich warnen, Frank. Du hast dich gerade über meine Mutter lustig gemacht, als du das über den Pfarrgarten gesagt hast. Das ist künftig ausgeschlossen. Bitte behandle meine Mutter mit dem gleichen Respekt wie deine eigene.

FRANK. Meine liebe Viv, sie würde es nicht schätzen: Die beiden Fälle erfordern eine unterschiedliche Behandlung. Aber was zum Teufel ist mit dir passiert? Gestern Abend waren wir uns vollkommen einig, was deine Mutter und ihr Set betrifft. Heute Morgen erlebe ich, wie du dich sentimental verhältst, während du deinen Arm um die Taille deiner Eltern legst.

VIVIE (errötend) Einstellung!

FRANK. So kam es mir vor. Zum ersten Mal habe ich gesehen, dass du etwas Zweitklassiges machst.

VIVIE [beherrscht sich] Ja, Frank, es hat eine Veränderung stattgefunden, aber ich glaube nicht, dass es eine Veränderung zum Schlechteren ist. Gestern war ich ein kleiner Idiot.

FRANK. Und heute?

VIVIE (zuckt zusammen; dann schaue ich ihn fest an] Heute kenne ich meine Mutter besser als du.

FRANK. Gott bewahre !

VIVIE. Wie meinst du das?

FRANK. Viv: Es gibt eine Freimaurerei unter völlig unmoralischen Menschen, von der du nichts weißt. Du hast zu viel Charakter. *Das ist* die Bindung zwischen deiner Mutter und mir: Deshalb kenne ich sie besser, als du sie jemals kennen wirst.

VIVIE. Du liegst falsch: Du weißt nichts über sie. Wenn Sie die Umstände wüssten, mit denen meine Mutter zu kämpfen hatte –

FRANK [beendet geschickt den Satz für sie] Ich sollte doch wissen, warum sie ist, was sie ist, nicht wahr? Welchen Unterschied würde das machen?

Umstände hin oder her, Viv, du wirst deine Mutter nicht ausstehen können.

VIVIE [sehr wütend] Warum nicht?

FRANK. Weil sie ein altes Miststück ist, Viv. Wenn du in meiner Gegenwart jemals wieder deinen Arm um ihre Taille legst, werde ich mich sofort erschießen, aus Protest gegen eine Ausstellung, die mich abstößt.

VIVIE. Muss ich mich entscheiden, ob ich deine Bekanntschaft oder die meiner Mutter aufgeben soll?

FRANK [anmutig] Das würde die alte Dame noch mehr benachteiligen. Nein, Viv: Dein verliebter kleiner Junge wird auf jeden Fall bei dir bleiben müssen. Umso mehr liegt ihm aber daran, dass man keine Fehler macht. Es nützt nichts, Viv: Deine Mutter ist unmöglich. Sie mag eine gute Sorte sein; Aber sie ist ein schlechter Kerl, ein sehr schlechter Kerl.

VIVIE [heiß] Frank –! [Er bleibt standhaft. Sie wendet sich ab und setzt sich auf die Bank unter der Eibe, während sie darum kämpft, ihre Selbstbeherrschung wiederzugewinnen. Dann sagt sie: Soll sie von der Welt im Stich gelassen werden, weil sie, wie man es nennt, ein schlechter Kerl ist? Hat sie kein Recht zu leben?

FRANK. Keine Angst davor, Viv: *Sie* wird niemals verlassen werden. [Er setzt sich neben sie auf die Bank].

VIVIE. Aber ich soll sie verlassen, nehme ich an.

FRANK [schlägt sie babyhaft ein und macht mit seiner Stimme Liebe mit ihr] Darf nicht mit ihr zusammenleben. Eine kleine Familiengruppe aus Mutter und Tochter wäre kein Erfolg. Verwöhnen Sie unsere kleine Gruppe.

VIVIE [fällt in den Bann] Welche kleine Gruppe?

FRANK. Die Babes im Wald: Vivie und der kleine Frank. [Er schmiegt sich an sie wie ein müdes Kind]. Lasst uns gehen und uns mit Blättern bedecken.

VIVIE (wiegt ihn rhythmisch wie eine Krankenschwester): Tief und fest eingeschlafen, Hand in Hand, unter den Bäumen.

FRANK. Das weise kleine Mädchen mit ihrem dummen kleinen Jungen.

VIVIE. Der liebe kleine Junge mit seinem schäbigen kleinen Mädchen.

FRANK. Ganz friedlich und befreit von der Dummheit des Vaters des kleinen Jungen und der Fragwürdigkeit des Vaters des kleinen Mädchens –

VIVIE [unterdrückt das Wort an ihrer Brust] Sch-sch-sch-sch ! Kleines Mädchen möchte ihre Mutter vergessen. [Sie schweigen einige Momente und wiegen sich gegenseitig. Dann wacht Vivie schockiert auf und ruft: „Was für ein Idioten wir doch sind!" Komm: setz dich auf. Gnädig! dein Haar. [Sie glättet es]. Ich frage mich, ob alle Erwachsenen so kindisch spielen, wenn niemand hinschaut.

Als Kind habe ich das nie gemacht.

FRANK. Ich auch nicht. Du bist mein erster Spielkamerad. [Er ergreift ihre Hand, um sie zu küssen, aber er zwingt sich, sich zuerst umzusehen. Ganz unerwartet sieht er Crofts aus der Buchsbaumhecke auftauchen. Verdammt!

VIVIE. Warum verdammt, Liebes?

FRANK [flüstert] Sh ! Hier ist dieser brutale Crofts. [Er sitzt mit unbekümmerter Miene weiter von ihr entfernt].

CROFTS. Könnte ich ein paar Worte mit Ihnen sprechen, Miss Vivie?

VIVIE. Sicherlich.

CROFTS [zu Frank] Entschuldigen Sie , Gardner. Sie warten in der Kirche auf Sie, wenn es Ihnen nichts ausmacht.

FRANK (steht auf) Alles, was dir einen Gefallen tut, Crofts – außer der Kirche. Wenn Sie mich wollen, Vivvums, klingeln Sie an der Tür. [Er geht mit ungerührter Höflichkeit ins Haus].

CROFTS (beobachtet ihn mit listiger Miene, während er verschwindet, und spricht mit Vivie in der Annahme, mit ihr in privilegiertem Verhältnis zu stehen): Netter junger Kerl, Miss Vivie. Schade, dass er kein Geld hat, nicht wahr?

VIVIE. Denkst du so?

CROFTS. Nun, was soll er tun? Kein Beruf. Kein Eigentum. Wozu ist er gut?

VIVIE. Ich bin mir seiner Nachteile bewusst, Sir George.

CROFTS [ein wenig verblüfft darüber, dass er so präzise interpretiert wird] Oh, das ist es nicht. Aber während wir in dieser Welt sind, sind wir in ihr; und Geld ist Geld. [Vivie antwortet nicht]. Schöner Tag, nicht wahr?

VIVIE [mit kaum verhohlener Verachtung für diese Konversationsbemühungen] Sehr.

CROFTS [mit brutal guter Laune, als ob ihm ihr Mut gefiele] Nun, das ist nicht das, was ich sagen wollte. [Setzt sich neben sie] Jetzt hören Sie zu, Miss Vivie. Mir ist durchaus bewusst, dass ich kein Mann für junge Frauen bin.

VIVIE. Tatsächlich, Sir George?

CROFTS. NEIN; Und um ehrlich zu sein, möchte ich auch nicht einer sein. Aber wenn ich etwas sage , meine ich es ernst; und wenn ich ein Gefühl verspüre, empfinde ich es im Ernst; und wofür ich Wert lege, bezahle ich hart. Das ist der Typ Mann, der ich bin.

VIVIE. Ich bin mir sicher, dass es Ihnen große Ehre macht.

CROFTS. Oh, ich möchte mich nicht selbst loben. Ich habe meine Fehler, weiß der Himmel: Kein Mensch ist sich dessen bewusster als ich. Ich weiß, dass ich nicht perfekt bin: Das ist einer der Vorteile, ein Mann mittleren Alters zu sein. denn ich bin kein junger Mann, und ich weiß es. Aber mein Code ist einfach und meiner Meinung nach gut. Ehre zwischen Mann und

Mann; Treue zwischen Mann und Frau; Und nein, nicht über diese oder jene Religion, sondern über den ehrlichen Glauben, dass sich die Dinge im Großen und Ganzen zum Guten entwickeln.

VIVIE [mit beißender Ironie] „Eine Macht, nicht wir selbst, die für Gerechtigkeit sorgt", oder?

CROFTS [nimmt sie ernst]: Oh, sicher. Natürlich nicht wir selbst. Sie verstehen, was ich meine. Nun zu den praktischen Dingen. Sie haben vielleicht den Eindruck, ich hätte mein Geld verschwendet, aber das habe ich nicht . Ich bin heute reicher als damals, als ich das Vermögen erworben habe. Ich habe meine Weltkenntnis dazu genutzt, mein Geld auf eine Weise anzulegen, die andere übersehen haben, und was auch immer ich sonst sein mag, ich bin ein sicherer Mann, was Geld angeht.

VIVIE: Es ist sehr nett von Ihnen, mir das alles zu erzählen.

CROFTS. Na gut, Miss Vivie: Sie brauchen nicht so zu tun, als wüssten Sie nicht, worauf ich hinaus will. Ich möchte mich mit einer Lady Crofts niederlassen. Sie halten mich wohl für sehr unverblümt, oder?

VIVIE: Überhaupt nicht. Ich bin Ihnen sehr dankbar, dass Sie so bestimmt und sachlich waren. Ich weiß das Angebot sehr zu schätzen: das Geld, die Position, *Lady Crofts* und so weiter. Aber ich glaube, ich werde nein sagen, wenn es Ihnen nichts ausmacht. Ich möchte lieber nicht. [Sie steht auf und schlendert zur Sonnenuhr, um aus seiner unmittelbaren Nachbarschaft herauszukommen.]

CROFTS [ganz und gar nicht entmutigt, nutzt den zusätzlichen Platz, um sich auf dem Sitz bequem auszustrecken, als gehörten ein paar vorläufige Absagen zur unvermeidlichen Routine der Brautwerbung]: Ich habe es nicht eilig. Ich wollte Sie nur informieren, falls der junge Gardner versuchen sollte, Sie in die Falle zu locken. Lassen Sie die Frage offen.

VIVIE [scharf] Mein Nein ist endgültig. Ich werde nicht davon abrücken.

[Crofts ist nicht beeindruckt. Er grinst; beugt sich mit den Ellbogen auf den Knien vor, um mit seinem Stock nach einem unglücklichen Insekt im Gras zu stoßen; und sieht sie listig an. Sie wendet sich ungeduldig ab.]

CROFTS. Ich bin viel älter als du. Fünfundzwanzig Jahre: ein Vierteljahrhundert. Ich werde nicht ewig leben ; und ich werde dafür sorgen, dass es dir gut geht, wenn ich weg bin.

VIVIE. Selbst gegen diesen Anreiz bin ich immun, Sir George. Glaubst du nicht, dass du deine Antwort besser akzeptieren solltest? Es besteht nicht die geringste Chance, dass ich es ändere.

CROFTS (erhebt sich nach einem letzten Hieb auf ein Gänseblümchen und kommt ihr näher) Na ja, egal. Ich könnte Ihnen einige Dinge erzählen, die Ihre Meinung schnell genug ändern würden; aber ich werde es nicht tun , weil ich dich lieber durch ehrliche Zuneigung gewinnen möchte. Ich war deiner Mutter eine gute Freundin. Frag sie, ob ich das nicht war. Ohne meinen Rat und meine Hilfe hätte sie niemals das Geld verdient, mit dem Sie Ihre Ausbildung finanziert haben , ganz zu schweigen von dem Geld, das ich ihr vorgeschossen habe. Es gibt nicht viele Männer, die ihr so zur Seite gestanden hätten wie ich. Ich habe vom ersten bis zum letzten Mal nicht weniger als vierzigtausend Pfund hineingesteckt.

VIVIE (starrt ihn an) Wollen Sie damit sagen, dass Sie der Geschäftspartner meiner Mutter waren?

CROFTS. Ja. Denken Sie jetzt nur an all den Ärger und die Erklärungen, die es uns ersparen würde, wenn wir das Ganze sozusagen in der Familie behalten würden. Fragen Sie Ihre Mutter, ob sie einem völlig Fremden alle ihre Angelegenheiten erklären möchte.

VIVIE. Ich sehe keine Schwierigkeiten, da ich verstehe, dass das Geschäft aufgelöst und das Geld investiert ist.

CROFTS bleibt erstaunt stehen: Aufgewickelt! Lösen Sie ein Unternehmen auf , das in den schlimmsten Jahren 35 Prozent zahlt! Unwahrscheinlich. Wer hat dir das gesagt?

VIVIE [ihre Farbe ist ganz verschwunden] Meinen Sie, dass es immer noch –? [Sie bleibt abrupt stehen und legt ihre Hand auf die Sonnenuhr, um sich zu stützen. Dann geht sie schnell zum Eisenstuhl und setzt sich.

Von welchem Geschäft reden Sie?

CROFTS. Nun, Tatsache ist, dass es sich nicht um das handelt, was man in meiner Gruppe – der Country-Gruppe, wissen Sie – als ein erstklassiges Unternehmen bezeichnen würde – in unserer Gruppe wird es das sein, wenn Sie über mein Angebot nachdenken. Nicht, dass es irgendetwas Geheimnisvolles gäbe : Glauben Sie das nicht. Natürlich weißt du an der Darbietung deiner Mutter, dass es vollkommen direkt und ehrlich ist. Ich kenne sie seit vielen Jahren; und ich kann von ihr sagen, dass sie sich eher die Hände abgeschnitten hat, als etwas anzufassen, was nicht das war, was es sein sollte. Wenn du magst, erzähle ich dir alles darüber. Ich weiß nicht, ob Sie auf Reisen schon einmal erlebt haben, wie schwierig es ist, ein wirklich komfortables Privathotel zu finden.

VIVIE [wird angewidert und wendet ihr Gesicht ab] Ja: mach weiter.

CROFTS. Nun, das ist alles. Deine Mutter hat ein Genie darin, mit solchen Dingen umzugehen. Wir haben zwei in Brüssel, eine in Ostende, eine in

Wien und zwei in Budapest. Natürlich gibt es außer uns noch andere darin; aber wir besitzen den größten Teil des Kapitals; Und deine Mutter ist als Geschäftsführerin unverzichtbar. Sie haben wohl bemerkt, dass sie viel reist. Aber Sie sehen, dass man solche Dinge in der Gesellschaft nicht erwähnen darf. Wenn man einmal das Wort „Hotel" fallen lässt, denkt jeder, dass man ein Wirtshaus betreibt. Du möchtest nicht, dass die Leute das über deine Mutter sagen, oder? Deshalb sind wir dem gegenüber so zurückhaltend. Das behalten Sie übrigens für sich, oder? Da es schon so lange ein Geheimnis war, sollte es besser so bleiben.

VIVIE. Und das ist das Geschäft, bei dem Sie mich einladen, mich Ihnen anzuschließen?

CROFTS. Ach nein. Meine Frau wird sich nicht um Geschäfte kümmern müssen. Du wirst nicht mehr darin stecken, als du es immer warst.

VIVIE. Das war *ich* schon immer! Wie meinst du das?

CROFTS. Nur dass du immer davon gelebt hast. Es hat Ihre Ausbildung und das Kleid, das Sie tragen, bezahlt. Rümpfen Sie bei Geschäften nicht die Nase, Miss Vivie: Wo wären Ihre Newnhams und Girtons ohne sie?

VIVIE (steht fast außer sich auf) Pass auf dich auf. Ich weiß, was dieses Geschäft ist.

CROFTS (zuckt mit unterdrücktem Fluch zusammen): Wer hat es dir gesagt?

VIVIE. Dein Partner. Meine Mutter.

CROFTS [schwarz vor Wut] Der Alte –

VIVIE. Einfach so.

[Er schluckt das Schimpfwort hinunter und steht einen Moment da, flucht und tobt vor sich hin. Aber er weiß, dass sein Stichwort darin besteht, Mitgefühl zu zeigen. Er flüchtet sich in großzügige Empörung.]

CROFTS: Sie hätte mehr Rücksicht auf Sie nehmen sollen. *Ich hätte* es Ihnen nie gesagt.

VIVIE. Ich glaube, du hättest es mir wahrscheinlich gesagt, als wir heirateten: Es wäre eine praktische Waffe gewesen, um mich einzubrechen.

CROFTS [ganz aufrichtig]: Das war nie meine Absicht. Ich stehe zu meinem Ehrenwort, das habe ich nicht getan.

[Vivie wundert sich über ihn. Ihr Gefühl für die Ironie seines Protests kühlt sie ab und stärkt sie. Sie antwortet mit verächtlicher Selbstbeherrschung.]

VIVIE: Das ist egal. Ich nehme an, Sie verstehen, dass unsere Bekanntschaft endet, wenn wir heute hier weggehen.

CROFTS: Warum? Weil du deiner Mutter geholfen hast?

VIVIE. Meine Mutter war eine sehr arme Frau, die keine andere Wahl hatte, als zu tun, was sie tat. Sie waren ein reicher Herr; und Sie haben das Gleiche zum Wohle von 35 Prozent getan. Ich denke, Sie sind ein ziemlich gewöhnlicher Schurke. Das ist meine Meinung über dich.

CROFTS [nach einem starren Blick: überhaupt nicht unzufrieden und bei diesen offenen Worten viel entspannter als bei ihren früheren feierlichen Worten] Ha! Ha! Ha! Ha! Mach es, kleines Fräulein , mach es: Es tut mir nicht weh und es amüsiert dich. Warum zum Teufel sollte ich mein Geld nicht so anlegen? Ich nehme die Zinsen für mein Kapital wie andere Menschen auch: Ich hoffe, Sie denken nicht, dass ich mir mit der Arbeit selbst die Hände schmutzig mache.

Kommen! Sie würden die Bekanntschaft mit dem Cousin meiner Mutter, dem Herzog von Belgravia, nicht ablehnen, weil er einen Teil der Miete auf seltsame Weise verdient. Ich nehme an, Sie würden den Erzbischof von Canterbury nicht streichen, weil die Kirchenkommissare ein paar Zöllner und Sünder unter ihren Mietern haben. Erinnern Sie sich an Ihr Crofts-Stipendium in Newnham? Nun, das wurde von meinem Bruder, dem Abgeordneten, gegründet. Er bezieht seine 22 Prozent aus einer Fabrik mit 600 Mädchen, und keine von ihnen bekommt genug Lohn, um davon leben zu können. Wie glaubst du, dass sie zurechtkommen, wenn sie keine Familie haben, auf die sie zurückgreifen können? Fragen Sie Ihre Mutter. Und erwarten Sie von mir, dass ich 35 Prozent den Rücken kehre, wenn alle anderen wie vernünftige Männer einstecken, was sie können? Kein solcher Idiot! Wenn Sie Ihre Bekannten nach moralischen Grundsätzen auswählen, sollten Sie dieses Land besser verlassen, es sei denn, Sie wollen sich aus jeder anständigen Gesellschaft ausschließen.

VIVIE (mit schlechtem Gewissen) Sie könnten noch darauf hinweisen, dass ich selbst nie gefragt habe, woher das Geld kommt, das ich ausgegeben habe. Ich glaube, ich bin genauso schlecht wie du.

CROFTS [sehr beruhigt] Natürlich bist du das; und das ist auch eine sehr gute Sache! Was schadet es überhaupt? [bringt sie scherzhaft zusammen] Du hältst mich also nicht für einen solchen Schurken, wenn du darüber nachdenkst. Äh?

VIVIE. Ich habe Gewinne mit Ihnen geteilt: und ich habe Ihnen gerade die Vertrautheit vermittelt, zu wissen, was ich von Ihnen halte.

CROFTS [mit ernster Freundlichkeit] Natürlich haben Sie das getan. Du wirst mich nicht für einen schlechten Typ halten: Ich halte nichts davon, intellektuell superfein zu sein; aber ich habe viel ehrliches menschliches Gefühl; und die alten Crofts zeigen eine Art instinktiven Hass auf alles Niedrige, mit dem Sie sicher mit mir sympathisieren werden. Glauben Sie mir, Miss Vivie, die Welt ist gar nicht so schlimm, wie die Gauner behaupten. Solange man der Gesellschaft nicht offen entgegentritt, stellt die Gesellschaft keine unbequemen Fragen; und es macht mit den Schurken, die es tun, kostbaren kurzen Prozess. Es gibt keine besser gehüteten Geheimnisse als die Geheimnisse, die jeder errät. In der Klasse von Menschen, die ich Ihnen vorstellen kann, würde keine Dame und kein Herr vergessen, über meine geschäftlichen Angelegenheiten oder Ihre Mütter zu sprechen. Kein Mann kann Ihnen eine sicherere Position bieten.

VIVIE [sieht ihn neugierig an] Ich nehme an, du denkst wirklich, dass du mit mir hervorragend zurechtkommst.

CROFTS. Nun, ich hoffe, ich kann mir schmeicheln, dass Sie eine bessere Meinung von mir haben als am Anfang.

VIVIE [leise] Ich finde, dass es sich im Moment überhaupt nicht mehr lohnt, an dich zu denken. Wenn ich an die Gesellschaft denke, die dich toleriert, und an die Gesetze, die dich schützen! wenn ich daran denke, wie hilflos neun von zehn jungen Mädchen in den Händen von dir und meiner Mutter wären! die unaussprechliche Frau und ihr kapitalistischer Tyrann —

CROFTS (wütend) Verdammt!

VIVIE. Du brauchst nicht. Ich fühle mich bereits unter den Verdammten.

[Sie hebt den Riegel des Tors an, um es zu öffnen und hinauszugehen. Er folgt ihr und legt seine Hand schwer auf den oberen Riegel, um zu verhindern, dass er sich öffnet.]

CROFTS (keuchend vor Wut) Glaubst du, dass ich das von dir ertragen werde, du junger Teufel?

VIVIE (ungerührt) Sei still. Jemand wird auf die Klingel antworten. [Ohne mit der Wimper zu zucken schlägt sie mit dem Handrücken auf die Glocke. Es klirrt hart; und er fängt unwillkürlich wieder an. Fast sofort erscheint Frank mit seinem Gewehr auf der Veranda.

FRANK [mit fröhlicher Höflichkeit] Willst du das Gewehr haben, Viv? oder soll ich operieren?

VIVIE. Frank: Hast du zugehört?

FRANK (kommt in den Garten hinunter) Nur wegen der Glocke, das versichere ich Ihnen; damit Sie nicht warten müssen. Ich denke, ich habe einen großartigen Einblick in Ihre Figur gezeigt, Crofts.

CROFTS. Für zwei Nadeln würde ich dir die Waffe wegnehmen und sie dir auf den Kopf schlagen.

FRANK [pirscht ihn vorsichtig an] Bitte, tu es nicht. Ich bin im Umgang mit Schusswaffen so nachlässig. Sicherlich ein tödlicher Unfall, mit einem Verweis der Jury des Gerichtsmediziners wegen meiner Fahrlässigkeit.

VIVIE. Steck das Gewehr weg, Frank, das ist völlig unnötig.

FRANK. Ganz richtig, Viv. Viel sportlicher wäre es, ihn in eine Falle zu locken. [Crofts, der die Beleidigung versteht, macht eine drohende Bewegung]. Crofts: Im Magazin sind hier fünfzehn Patronen; und ich bin in der gegenwärtigen Entfernung und auf ein Objekt Ihrer Größe ein toter Schuss.

CROFTS. Oh, du brauchst keine Angst zu haben. Ich werde dich nicht berühren.

FRANK. Ich bin unter diesen Umständen so großmütig von Ihnen! Danke schön.

CROFTS. Ich sage dir das einfach, bevor ich gehe. Es könnte Sie interessieren, da Sie einander so gern haben. Erlauben Sie mir, Herr Frank, Ihnen Ihre Halbschwester vorzustellen, die älteste Tochter von Reverend Samuel Gardner. Miss Vivie: Sie Halbbruder. Guten Morgen! [Er geht durch das Tor hinaus und die Straße entlang].

FRANK [hebt nach einer Pause der Verblüffung das Gewehr] Sie werden vor dem Gerichtsmediziner aussagen, dass es ein Unfall war, Viv. [Er zielt auf die sich zurückziehende Gestalt von Crofts. Vivie ergreift die Schnauze und zieht sie an ihre Brust.

VIVIE. Jetzt feuern. Sie können.

FRANK (lässt hastig sein Gewehrende fallen) Halt! Pass' auf dich auf. [Sie lässt es los. Es fällt auf den Rasen. Oh, du hast deinem kleinen Jungen so eine Wendung gegeben. Angenommen, es wäre losgegangen! Pfui! [Er sinkt überwältigt auf die Gartenbank.]

VIVIE. Angenommen, es wäre so gewesen: Glaubst du, es wäre keine Erleichterung gewesen, wenn ein scharfer körperlicher Schmerz mich durchbohrt hätte?

FRANK [überredend] Nimm es ganz ruhig, liebe Viv. Denken Sie daran: Selbst wenn das Gewehr diesen Kerl dazu gebracht hat, zum ersten Mal in seinem Leben die Wahrheit zu sagen, macht uns das nur zu den Babes im Wald. [Er streckt ihr die Arme entgegen]. Kommen Sie und lassen Sie sich wieder mit Blättern bedecken.

VIVIE (mit einem Schrei des Ekels): Ach, das nicht, das nicht. Du machst mir eine Gänsehaut.

FRANK. Warum, was ist los?

VIVIE. Auf Wiedersehen. [Sie geht zum Tor].

FRANK [springt auf] Hallo! Stoppen! Viv! Viv! [Sie dreht sich im Tor um] Wohin gehst du? Wo werden wir dich finden?

VIVIE. Für den Rest meines Lebens in den Räumen von Honoria Fraser, 67 Chancery Lane. [Sie geht schnell in die entgegengesetzte Richtung wie Crofts.]

FRANK. Aber ich sage – warte – lass es! [Er rennt ihr nach].

Akt IV

[Honoria Frasers Gemächer in der Chancery Lane. Ein Büro ganz oben in den New Stone Buildings mit einem Glasfenster, getönten Wänden, elektrischem Licht und einem Patentofen. Samstag Nachmittag. Durch das Fenster sind die Schornsteine von Lincoln's Inn und der westliche Himmel dahinter zu sehen. In der Mitte des Raumes steht ein Doppelschreibtisch mit einer Zigarrenkiste, Aschenbechern und einer tragbaren elektrischen Leselampe, die fast mit Papier- und Bücherhaufen verschneit ist. Dieser Tisch hat Knielöcher und Stühle rechts und links und ist sehr unordentlich. Der geschlossene und aufgeräumte Schreibtisch des Angestellten mit seinem hohen Hocker steht an der Wand, in der Nähe einer Tür, die zu den Innenräumen führt. In der gegenüberliegenden Wand befindet sich die Tür, die zum öffentlichen Flur führt. Die obere Platte besteht aus undurchsichtigem Glas und trägt auf der Außenseite die schwarze Aufschrift „FRASER AND WARREN". Ein Fliegengitter verdeckt die Ecke zwischen dieser Tür und dem Fenster.]

[Frank, in einem modischen hellen Traineranzug, mit Stock, Handschuhen und weißem Hut in den Händen, geht im Büro auf und ab. Jemand versucht mit einem Schlüssel die Tür zu öffnen.]

FRANK (ruft): Komm rein. Es ist nicht verschlossen.

[Vivie kommt herein, in Hut und Jacke. Sie bleibt stehen und starrt ihn an.]

VIVIE [streng] Was machst du hier?

FRANK. Ich warte darauf, dich zu sehen. Ich bin schon seit Stunden hier. Kümmern Sie sich auf diese Weise um Ihr Geschäft? [Er legt seinen Hut und seinen Stock auf den Tisch, setzt sich mit gebeugtem Körper auf den Stuhl des Angestellten und sieht sie mit dem Anschein an, als sei er in einer besonders unruhigen, neckenden, leichtfertigen Stimmung.]

VIVIE. Ich war genau zwanzig Minuten weg, um eine Tasse Tee zu trinken. [Sie nimmt Hut und Jacke ab und hängt sie hinter den Bildschirm.] Wie bist du reingekommen?

FRANK. Als ich ankam, war das Personal noch nicht gegangen. Er ist nach Primrose Hill gegangen, um Cricket zu spielen. Warum stellen Sie nicht eine Frau ein und geben Ihrem Sex eine Chance?

VIVIE. Warum bist du gekommen?

FRANK (springt vom Hocker und kommt auf sie zu) Viv: Lass uns gehen und die Samstagshalbferien irgendwo genießen, wie beim Personal.

Was sagen Sie zu Richmond und dann zu einem Musiksaal und einem lustigen Abendessen?

VIVIE. Kann es mir nicht leisten. Ich werde noch sechs Stunden arbeiten, bevor ich ins Bett gehe.

FRANK. Wir können es uns nicht leisten, oder? Aha! Schau hier. [Er nimmt eine Handvoll Sovereigns heraus und lässt sie zischen.] Gold, Viv: Gold!

VIVIE. Wo hast du es bekommen?

FRANK. Glücksspiel, Viv: Glücksspiel. Poker.

VIVIE. Pah! Es ist gemeiner, als es zu stehlen. Nein: Ich komme nicht. [Sie setzt sich mit dem Rücken zur Glastür an den Tisch, um zu arbeiten, und beginnt, die Papiere umzublättern.]

FRANK [erwidert mitleiderregend] Aber, meine liebe Viv, ich möchte sehr ernst mit dir reden.

VIVIE. Sehr gut: Setz dich auf Honorias Stuhl und rede hier. Ich unterhalte mich gern zehn Minuten nach dem Tee. [Er murmelt]. Es nützt nichts zu stöhnen: Ich bin unerbittlich. [Er nimmt trostlos den gegenüberliegenden Platz ein]. Reichen Sie die Zigarrenschachtel, ja?

FRANK (schiebt die Zigarrenkiste hinüber) Eine üble weibliche Angewohnheit. Nette Männer machen das nicht mehr.

VIVIE. Ja: Sie haben Einwände gegen den Geruch im Büro; und wir mussten auf Zigaretten umsteigen . Sehen! [Sie öffnet die Schachtel und holt eine Zigarette heraus , die sie anzündet. Sie bietet ihm eines an; aber er schüttelt mit schiefem Gesicht den Kopf. Sie macht es sich bequem in ihrem Stuhl und raucht. Fortfahren.

FRANK. Nun, ich möchte wissen, was Sie getan haben — welche Vorkehrungen Sie getroffen haben.

VIVIE. Zwanzig Minuten nach meiner Ankunft hier war alles geklärt. Honoria fand das Geschäft dieses Jahr zu viel für sie; Und sie wollte gerade nach mir schicken und mir eine Partnerschaft vorschlagen, als ich hereinkam und ihr sagte, ich hätte keinen Heller auf der Welt. Also installierte ich mich und schickte sie für zwei Wochen in den Urlaub. Was geschah in Haslemere, als ich ging?

FRANK. Gar nichts. Ich sagte, Sie wären aus einem bestimmten Grund in die Stadt gefahren.

VIVIE. Also?

FRANK. Nun, entweder waren sie zu verblüfft, um etwas zu sagen, oder Crofts hatte deine Mutter vorbereitet. Jedenfalls sagte sie nichts; und Crofts sagte nichts; und Paddy starrte nur. Nach dem Tee standen sie auf und gingen; und seitdem habe ich sie nicht mehr gesehen.

VIVIE (nickt gelassen, ein Auge auf einen Rauchkranz gerichtet): Das ist in Ordnung.

FRANK (sieht sich abfällig um) Haben Sie vor, an diesem verfluchten Ort zu bleiben?

VIVIE (bläst den Kranz entschlossen weg und setzt sich aufrecht): Ja. Diese zwei Tage haben mir meine ganze Kraft und Selbstbeherrschung zurückgegeben. Solange ich lebe, werde ich nie wieder Urlaub machen.

FRANK [mit sehr schiefem Gesicht] Mps ! Du siehst ziemlich glücklich aus. Und hart wie Nägel.

VIVIE (grimmig) Nun gut für mich!

FRANK (steht auf) Schau mal, Viv: Wir müssen eine Erklärung haben. Wir haben uns neulich aufgrund eines völligen Missverständnisses getrennt. [Er sitzt auf dem Tisch, dicht bei ihr].

VIVIE (steckt die Zigarette weg) Nun, klären Sie es.

FRANK. Sie erinnern sich, was Crofts gesagt hat.

VIVIE. Ja.

FRANK. Diese Offenbarung sollte eine völlige Veränderung in der Natur unserer Gefühle füreinander bewirken. Es stellte uns auf die Stufe von Bruder und Schwester.

VIVIE. Ja.

FRANK. Hattest du jemals einen Bruder?

VIVIE. NEIN.

FRANK. Dann wissen Sie nicht, wie es sich anfühlt, Bruder und Schwester zu sein? Jetzt habe ich viele Schwestern; und das brüderliche Gefühl ist mir recht vertraut. Ich versichere Ihnen, dass ich nicht die geringsten Gefühle für Sie habe. Die Mädchen werden *ihren* Weg gehen; Ich werde meins gehen; und es wird uns egal sein, wenn wir uns nie wieder sehen. Das sind Bruder und Schwester. Aber was Sie betrifft, ich kann es nicht einfach machen, wenn ich eine Woche verbringen muss, ohne Sie zu sehen. Das ist kein Bruder und keine Schwester. Es ist genau das, was ich eine Stunde bevor Crofts seine Enthüllung machte, gefühlt habe. Kurz gesagt, liebe Viv, es ist der junge Traum der Liebe.

VIVIE (beißend) Dasselbe Gefühl, Frank, das deinen Vater zu den Füßen meiner Mutter gebracht hat. Ist es das?

FRANK [so empört, dass er für einen Moment vom Tisch rutscht] Ich bin sehr dagegen, Viv, meine Gefühle mit denen zu vergleichen, die der Reverend Samuel zu hegen fähig ist; und ich habe noch mehr Einwände gegen einen Vergleich zwischen Dir und Deiner Mutter. [nimmt seinen Platz wieder ein] Außerdem glaube ich die Geschichte nicht. Ich habe meinen Vater damit belastet und von ihm etwas erhalten, was meiner Meinung nach einer Ablehnung gleichkommt.

VIVIE. Was hat er gesagt?

FRANK. Er sagte, er sei sicher, dass es sich um einen Fehler handeln müsse.

VIVIE. Glaubst du ihm?

FRANK. Ich bin bereit, sein Wort gegen das von Crofts zu stellen.

VIVIE. Macht es einen Unterschied? Ich meine in deiner Vorstellung oder deinem Gewissen; denn natürlich macht es keinen wirklichen Unterschied.

FRANK [schüttelt den Kopf] Gar nichts für *mich*.

VIVIE. Auch nicht für mich.

FRANK [starrt] Aber das ist wirklich überraschend! [Er geht zurück zu seinem Stuhl]. Ich dachte, unsere gesamten Beziehungen hätten sich in Ihrer Vorstellung und Ihrem Gewissen, wie Sie es ausdrückten, verändert, sobald diese Worte aus der Schnauze dieses Unmenschen kamen.

VIVIE. Nein: Das war es nicht. Ich habe ihm nicht geglaubt. Ich wünschte nur, ich könnte es.

FRANK. Äh?

VIVIE. Ich denke, dass Bruder und Schwester eine sehr passende Beziehung für uns wären.

FRANK. Meinst du das wirklich?

VIVIE. Ja. Es ist die einzige Beziehung, die mir am Herzen liegt, auch wenn wir uns eine andere leisten könnten. Ich meine, dass.

FRANK [hebt seine Augenbrauen wie jemand, dem ein neues Licht aufgegangen ist, und erhebt sich mit einem Anflug ritterlicher Gefühle] Meine liebe Viv: Warum hast du das nicht schon früher gesagt? Es tut mir so leid, dass ich dich verfolgt habe. Ich verstehe natürlich.

VIVIE [verwirrt] Verstehst du was?

FRANK. Oh, ich bin kein Narr im gewöhnlichen Sinne, sondern nur im biblischen Sinne, wenn ich all die Dinge tue, die der weise Mann für Torheit erklärte, nachdem er sie selbst in größtem Maße ausprobiert hatte. Ich sehe, ich bin nicht mehr der kleine Junge von Vivvums. Seien Sie nicht beunruhigt: Ich werde Sie nie wieder Vivvums nennen – zumindest solange Sie nicht genug von Ihrem neuen kleinen Jungen haben, wer auch immer er sein mag.

VIVIE. Mein neuer kleiner Junge!

FRANK [mit Überzeugung] Muss ein neuer kleiner Junge sein. Das passiert immer so. Eigentlich geht es nicht anders.

VIVIE. Keiner, den Sie kennen, zum Glück für Sie.

[Jemand klopft an die Tür.]

FRANK. Mein Fluch liegt auf diesem Anrufer, wer auch immer er sein mag!

VIVIE. Es ist Praed . Er fährt nach Italien und möchte sich verabschieden. Ich habe ihn gebeten, heute Nachmittag anzurufen. Geh und lass ihn rein.

FRANK. Wir können unser Gespräch fortsetzen, wenn er nach Italien abgereist ist. Ich werde ihn draußen lassen. [Er geht zur Tür und öffnet sie.] Wie geht es dir, Praddy ? Freut mich, dich zu sehen. Komm rein.

[Praed kommt in Reisekleidung und bester Laune herein.]

PRAED: Wie geht es Ihnen, Miss Warren? [Sie drückt ihm herzlich die Hand, obwohl eine gewisse Sentimentalität in seiner guten Laune sie stört.] Ich fahre in einer Stunde vom Holborn Viaduct ab. Ich wünschte, ich könnte Sie überreden, es in Italien zu versuchen.

VIVIE. Wofür?

PRAED: Natürlich, um sich mit Schönheit und Romantik zu erfüllen.

[Vivie dreht schaudernd ihren Stuhl zum Tisch, als ob die Arbeit, die dort auf sie wartet, eine Stütze für sie wäre. Praed sitzt ihr gegenüber. Frank stellt einen Stuhl neben Vivie, lässt sich träge und achtlos hineinfallen und redet über seine Schulter auf sie ein.]

FRANK. Es nützt nichts, Paddy . Viv ist eine kleine Philisterin. Sie ist *meiner* Romanze gegenüber gleichgültig und *meiner* Schönheit gegenüber gleichgültig.

VIVIE. Herr Praed : Ein für alle Mal gibt es für mich keine Schönheit und keine Romantik mehr im Leben. Das Leben ist, was es ist; und ich bin bereit, es so zu nehmen, wie es ist.

PRAED [begeistert] Das wirst du nicht sagen, wenn du mit mir nach Verona und weiter nach Venedig kommst. Sie werden vor Freude weinen, in einer so schönen Welt zu leben.

FRANK. Das ist sehr beredt, Paddy . Weiter so.

Gelobt. Oh, ich versichere Ihnen, *ich* habe geweint – ich hoffe, ich werde noch einmal weinen – mit fünfzig! In Ihrem Alter, Miss Warren, müssten Sie nicht bis nach Verona reisen. Schon beim bloßen Anblick von Ostende wird Ihre Stimmung höher schlagen. Sie werden von der Fröhlichkeit, der Lebhaftigkeit und der fröhlichen Atmosphäre Brüssels verzaubert sein.

VIVIE (springt mit einem Ausruf des Abscheus auf) Agh !

PRAED [steht auf] Was ist los?

FRANK [steht auf] Hallo, Viv!

VIVIE [zu Praed , mit tiefem Vorwurf] Können Sie kein besseres Beispiel für Ihre Schönheit und Romantik finden als Brüssel, um mit mir zu sprechen?

PRAED [verwirrt] Natürlich ist es ganz anders als Verona. Ich behaupte nicht im Geringsten, dass …

VIVIE [bitter]: Wahrscheinlich sind Schönheit und Romantik an beiden Orten ziemlich gleich.

PRAED [völlig nüchtern und sehr besorgt] Meine liebe Miss Warren, ich – [sieht Frank fragend an] Ist etwas los?

FRANK. Sie findet deinen Enthusiasmus albern, Praddy . Sie hat noch nie einen so ernsten Anruf bekommen.

VIVIE [scharf] Halt den Mund, Frank. Sei nicht albern.

FRANK [setzt sich]: Nennen Sie das gute Manieren , Praed ?

PRAED [besorgt und nachdenklich]: Soll ich ihn mitnehmen, Miss Warren? Ich bin überzeugt, wir haben Sie bei Ihrer Arbeit gestört.

VIVIE. Setz dich: Ich bin noch nicht bereit, wieder an die Arbeit zu gehen. [Praed setzt sich]. Sie glauben beide, ich hätte einen Nervenanfall. Nicht ein bisschen davon. Aber es gibt zwei Themen, die ich streichen möchte, wenn es Ihnen nichts ausmacht.

Einer davon [für Frank] ist der junge Traum der Liebe in jeglicher Form: der andere [für Praed] ist die Romantik und Schönheit des Lebens, insbesondere Ostende und die Fröhlichkeit Brüssels. Alle Illusionen, die Sie zu diesen Themen haben, sind willkommen: Ich habe keine. Wenn wir drei

Freunde bleiben wollen, muss ich als Geschäftsfrau behandelt werden, dauerhaft Single (für Frank) und dauerhaft unromantisch (für Praed).

FRANK. Ich werde auch dauerhaft Single bleiben, bis du deine Meinung änderst. Paddy : Wechseln Sie das Thema. Seien Sie eloquent über etwas anderes.

PRAED [zögerlich] Ich fürchte, es gibt nichts anderes auf der Welt, worüber ich sprechen *kann* . Das Evangelium der Kunst ist das einzige, das ich predigen kann. Ich weiß, dass Miss Warren eine große Anhängerin des Evangeliums vom „Getting On" ist; Aber darüber können wir nicht diskutieren, ohne deine Gefühle zu verletzen, Frank, da du fest entschlossen bist, nicht weiterzukommen.

FRANK. Oh, kümmere dich nicht um meine Gefühle. Geben Sie mir auf jeden Fall einen Verbesserungsratschlag: Es tut mir sehr gut. Versuchen Sie noch einmal, einen erfolgreichen Mann aus mir zu machen, Viv. Komm: Lass uns alles haben: Energie, Sparsamkeit, Weitsicht, Selbstachtung, Charakter. Hassen Sie nicht Menschen, die keinen Charakter haben, Viv?

VIVIE (zuckt zusammen) Oh, hör auf, hör auf. Lasst uns dieses schreckliche Geschwätz nicht mehr haben. Herr Praed : Wenn es wirklich nur diese beiden Evangelien auf der Welt gibt, sollten wir uns besser alle umbringen; denn in beiden steckt durch und durch derselbe Makel.

FRANK (schaut sie kritisch an) Du hast heute einen Hauch von Poesie, Viv, der bisher gefehlt hat.

PRAED [promonstriert] Mein lieber Frank, bist du nicht ein bisschen unsympathisch?

VIVIE (gnadenlos zu sich selbst): Nein, es ist gut für mich. Es hält mich davon ab, sentimental zu werden.

FRANK [scherzt sie] Das bremst doch deine ausgeprägte natürliche Veranlagung, nicht wahr?

VIVIE [fast hysterisch] Oh ja: Mach weiter: Verschone mich nicht. Einen Moment in meinem Leben war ich sentimental – wunderschön sentimental – im Mondlicht; und nun-

FRANK [schnell] Ich sage: Viv: Pass auf dich auf. Verrate dich nicht.

VIVIE. Oh, glauben Sie, Mr Praed weiß nicht alles über meine Mutter? [dreht sich zu Praed um] Das hätten Sie mir heute Morgen besser sagen sollen, Mr Gepraed . Schließlich sind Sie in Ihren Delikatessen sehr altmodisch.

Gelobt. Sicherlich sind Sie es, der in Ihren Vorurteilen ein wenig altmodisch ist, Miss Warren. Ich fühle mich verpflichtet, Ihnen als Künstlerin und in der Überzeugung, dass die intimsten menschlichen Beziehungen weit über den Rahmen des Gesetzes hinausgehen, zu sagen, dass ich, obwohl ich weiß, dass Ihre Mutter eine unverheiratete Frau ist, sie nicht weniger respektiere auf dem Konto. Ich respektiere sie mehr.

FRANK (leichtmütig): Hören Sie! hören!

VIVIE (starrt ihn an) Ist das *alles* , was du weißt?

Gelobt. Das ist sicherlich alles.

VIVIE. Dann wissen Sie beide nichts. Ihre Vermutungen sind im Vergleich zur Wahrheit Unschuld.

PRAED [erhebt sich erschrocken und empört und bewahrt mit Mühe seine Höflichkeit] Ich hoffe nicht. [Nachdrücklicher] Ich hoffe nicht, Miss Warren.

FRANK [pfeift] Puh!

VIVIE. Sie machen es mir nicht leicht, es Ihnen zu sagen, Herr Gepraed .

PRAED [seine Ritterlichkeit lässt vor ihrer Überzeugung nach]: Wenn es etwas Schlimmeres gibt – das heißt, irgendetwas anderes –, sind Sie sicher, dass Sie recht haben, wenn Sie es uns sagen, Miss Warren?

VIVIE. Ich bin sicher, wenn ich den Mut hätte , würde ich den Rest meines Lebens damit verbringen, es allen zu erzählen – es ihnen einzuprägen und einzubrennen, bis sie alle ihren Anteil an dieser Abscheulichkeit so spüren, wie ich meinen. Es gibt nichts, was ich mehr verachte als die böse Konvention, die diese Dinge schützt, indem sie einer Frau verbietet, sie zu erwähnen. Und doch kann ich es dir nicht sagen. Die beiden berüchtigten Worte, die beschreiben, was meine Mutter ist, klingen in meinen Ohren und kämpfen auf meiner Zunge; aber ich kann sie nicht aussprechen: Die Schande darüber ist mir zu schrecklich. [Sie vergräbt ihr Gesicht in ihren Händen. Die beiden Männer starren erstaunt einander und dann sie an. Sie hebt wieder verzweifelt den Kopf und schnappt sich ein Blatt Papier und einen Stift. Hier: Ich erstelle für Sie einen Prospekt.

FRANK. Oh, sie ist verrückt. Hörst du, Viv? verrückt. Kommen! Reiß dich zusammen.

VIVIE. Du wirst sehen. [Sie schreibt]. „Eingezahltes Kapital: nicht weniger als vierzigtausend Pfund im Namen von Sir George Crofts, Baronet, dem Hauptaktionär. Räumlichkeiten in Brüssel, Ostende, Wien und Budapest. Geschäftsführerin: Frau Warren"; Und jetzt vergessen wir nicht ihre Qualifikationen: die beiden Worte. [Sie schreibt die Worte und schiebt ihnen das Papier zu]. Dort! Oh nein: Lies es nicht: Tu es nicht! [Sie reißt es zurück und zerreißt es; dann ergreift sie ihren Kopf mit den Händen und verbirgt ihr Gesicht auf dem Tisch.

[Frank, der das Geschriebene über ihre Schulter beobachtet und dabei die Augen weit aufgerissen hat, nimmt eine Karte aus der Tasche; kritzelt die beiden Wörter darauf; und reicht es schweigend Praed , der es erstaunt liest und es hastig in seiner Tasche versteckt.]

FRANK [flüstert zärtlich] Viv, Liebes: Das ist in Ordnung. Ich habe gelesen, was Sie geschrieben haben : Paddy auch . Wir verstehen. Und wir verbleiben, auch wenn uns dies im Moment verlässt, mit aller Hingebung Ihr Gruß.

Gelobt. Das tun wir tatsächlich, Miss Warren. Ich erkläre, dass Sie die großartigste und mutigste Frau sind, die ich je getroffen habe.

[Dieses sentimentale Kompliment macht Vivie Mut. Sie wirft es mit einem ungeduldigen Schütteln von sich weg und zwingt sich aufzustehen, allerdings nicht ohne Unterstützung durch den Tisch.]

FRANK. Rühr dich nicht, Viv, wenn du nicht willst. Nehmen Sie es einfach.

VIVIE. Danke schön. Du bist in zwei Dingen immer auf mich angewiesen: nicht zu weinen und nicht in Ohnmacht zu fallen. [Sie geht ein paar Schritte in Richtung der Tür des inneren Raums und bleibt neben Praed stehen, um zu sagen:] Ich werde viel mehr Mut brauchen, wenn ich meiner Mutter erzähle, dass wir an einer Trennung angekommen sind. Jetzt muss ich kurz ins Nebenzimmer gehen, um mich wieder ordentlich zu machen, wenn es Ihnen nichts ausmacht.

Gelobt. Sollen wir weggehen?

VIVIE. Nein: Ich komme gleich wieder. Nur für einen Moment. [Sie geht in das andere Zimmer, Praed öffnet ihr die Tür].

Gelobt. Was für eine erstaunliche Offenbarung! Ich bin äußerst enttäuscht von Crofts: Das bin ich tatsächlich.

FRANK. Ich bin nicht im Geringsten. Ich habe das Gefühl, dass er endlich perfekt berücksichtigt wird. Aber was für ein Gesicht für mich, Paddy ! Ich kann sie jetzt nicht heiraten.

PRAED [streng] Frank! [Die beiden sehen sich an, Frank ruhig, Praed zutiefst empört]. Lassen Sie mich Ihnen sagen, Gardner, wenn Sie sie jetzt verlassen, werden Sie sich sehr verabscheuungswürdig verhalten.

FRANK. Guter alter Paddy ! Immer ritterlich! Aber Sie irren: Es geht nicht um den moralischen Aspekt des Falles, sondern um den finanziellen Aspekt.

Ich kann mich jetzt wirklich nicht dazu durchringen, das Geld der alten Frau anzufassen.

Gelobt. Und war es das, was Sie heiraten wollten?

FRANK. Was sonst? *ICH* Ich habe kein Geld und auch nicht die geringste Chance, es zu schaffen. Wenn ich Viv jetzt heiraten würde, müsste sie mich unterstützen; und ich würde sie mehr kosten, als ich wert bin.

Gelobt. Aber sicherlich kann ein kluger, kluger Kerl wie Sie mit seinem eigenen Gehirn etwas erschaffen.

FRANK. Oh ja, ein bisschen. [Er holt sein Geld wieder hervor]. Ich habe das alles gestern in anderthalb Stunden gemacht. Aber ich habe es in einem hochspekulativen Geschäft geschafft. Nein, lieber Paddy : Selbst wenn Bessie und Georgina Millionäre heiraten und der Gouverneur stirbt, nachdem er ihnen einen Schilling abgeschnitten hat, werde ich nur vierhundert im Jahr haben. Und er wird nicht sterben, bis er sechzig Jahre alt ist: Ihm mangelt es an Originalität. Ich werde in den nächsten zwanzig Jahren Kurzgeld beziehen. Kein knappes Taschengeld für Viv, wenn ich es verhindern kann. Ich ziehe mich würdevoll zurück und überlasse das Feld der vergoldeten Jugend Englands. Das hat sich also erledigt. Ich werde ihr darüber keine Sorgen machen: Ich schicke ihr einfach eine kleine Nachricht, wenn wir weg sind. Sie wird es verstehen.

PRAED [ergreift seine Hand] Guter Kerl, Frank! Ich bitte herzlich um Verzeihung. Aber darfst du sie nie wieder sehen?

FRANK. Sehe sie nie wieder! Lass es bleiben, sei vernünftig. Ich werde so oft wie möglich mitkommen und ihr Bruder sein. Ich kann die absurden Konsequenzen, die ihr romantischen Menschen von den gewöhnlichsten Transaktionen erwartet, *nicht verstehen*. [Ein Klopfen an der Tür]. Ich frage mich, wer das ist. Könnten sie bitte die Türe öffnen? Wenn es sich um einen Kunden handelt, sieht es seriöser aus, als wenn ich erschienen wäre.

Gelobt. Sicherlich. [Er geht zur Tür und öffnet sie. Frank setzt sich auf Vivies Stuhl, um eine Notiz zu kritzeln. Meine liebe Kitty, komm rein, komm rein.

[Frau Warren kommt herein und schaut sich besorgt nach Vivie um. Sie hat ihr Bestes getan, um sich matronenhaft und würdevoll zu machen. Der glänzende Hut wird durch eine schlichte Haube ersetzt und die fröhliche Bluse wird von einem kostbaren schwarzen Seidenmantel bedeckt. Sie ist erbärmlich ängstlich und unwohl: offensichtlich panisch.]

MRS WARREN [zu Frank] Was! Du bist hier, oder?

FRANK [dreht sich vom Schreiben auf seinem Stuhl um, erhebt sich aber nicht] Hier und entzückt, Sie zu sehen. Du kommst wie ein Hauch Frühling.

Frau Warren. Oh, raus mit deinem Unsinn. [Mit leiser Stimme] Wo ist Vivie?

[Frank zeigt ausdrücklich auf die Tür zum inneren Raum, sagt aber nichts.]

MRS WARREN (setzt sich plötzlich hin und fängt fast an zu weinen) Paddy : Wird sie mich nicht sehen, meinst du nicht auch?

Gelobt. Meine liebe Kitty, mach dir keine Sorgen. Warum sollte sie nicht?

Frau Warren. Oh, du kannst nie verstehen, warum nicht: Du bist zu unschuldig. Herr Frank: Hat sie Ihnen etwas gesagt?

FRANK (faltet seinen Zettel zusammen): Sie *muss* dich sehen, wenn du (sehr ausdrucksvoll) wartest, bis sie hereinkommt.

MRS WARREN [erschrocken] Warum sollte ich nicht warten?

[Frank sieht sie fragend an; legt seine Notiz vorsichtig auf das Tintenfass, damit Vivie sie beim nächsten Eintauchen ihrer Feder nicht umhin kann, sie zu finden; dann erhebt er sich und widmet ihr seine ganze Aufmerksamkeit.]

FRANK. Meine liebe Frau Warren: Angenommen, Sie wären ein Spatz – ein noch so kleiner und hübscher Spatz, der über die Straße hüpft – und Sie sehen eine Dampfwalze auf Sie zukommen, würden Sie dann darauf warten?

Frau Warren. Oh, störe mich nicht mit deinen Spatzen. Warum ist sie so von Haslemere weggelaufen?

FRANK. Ich fürchte, sie wird es dir sagen, wenn du voreilig auf ihre Rückkehr wartest.

Frau Warren. Willst du, dass ich weggehe?

FRANK. Nein: Ich möchte immer, dass du bleibst. Aber ich *rate* dir, wegzugehen.

Frau Warren. Was! Und sie nie wieder sehen!

FRANK. Genau.

MRS WARREN (weint wieder) Paddy : Lass ihn nicht grausam zu mir sein. [Sie stoppt hastig ihre Tränen und wischt sich die Augen.] Sie wird so wütend sein, wenn sie sieht, dass ich geweint habe.

FRANK [mit einem Anflug echten Mitgefühls in seiner luftigen Zärtlichkeit] Sie wissen, dass Paddy die Seele der Güte ist, Mrs. Warren. Paddy : Was sagst du? Gehen oder bleiben?

PRAED [zu Frau Warren] Es würde mir wirklich sehr leid tun, Ihnen unnötige Schmerzen zu bereiten; aber ich denke, vielleicht solltest du besser nicht warten. Tatsache ist – [Vivie ist an der Innentür zu hören].

FRANK. Sch ! Zu spät. Sie kommt.

MRS WARREN: Sag ihr nicht, dass ich geweint habe. [Vivie kommt herein. Sie bleibt ernst stehen, als sie Mrs Warren sieht, die sie mit hysterischer Fröhlichkeit begrüßt.] Also, Liebling. Da bist du ja endlich.

VIVIE: Ich bin froh, dass du gekommen bist. Ich möchte mit dir sprechen. Du hast gesagt, dass du gehen würdest, Frank, glaube ich.

FRANK. Ja. Kommen Sie mit, Mrs. Warren? Was halten Sie von einem Ausflug nach Richmond und einem Theaterbesuch am Abend? In Richmond ist man sicher. Dort gibt es keine Dampfwalze.

VIVIE. Unsinn, Frank. Meine Mutter wird hier bleiben.

MRS WARREN [erschrocken]: Ich weiß nicht. Vielleicht sollte ich besser gehen. Wir stören Sie bei der Arbeit.

VIVIE [mit ruhiger Entscheidung] Mr Praed : Bitte nehmen Sie Frank mit. Setz dich, Mutter. [Frau Warren gehorcht hilflos].

Gelobt. Komm, Frank. Auf Wiedersehen, Miss Vivie.

VIVIE [schüttelt die Hände] Auf Wiedersehen. Eine angenehme Reise.

Gelobt. Danke Danke. Ich hoffe es.

FRANK [zu Frau Warren] Auf Wiedersehen: Sie hätten meinen Rat viel besser befolgt. [Er gibt ihr die Hand. Dann leichtfertig zu Vivie] Tschüss , Viv.

VIVIE. Auf Wiedersehen. [Er geht fröhlich hinaus, ohne ihr die Hand zu geben].

PRAED [traurig] Auf Wiedersehen, Kitty.

MRS WARREN [schnieft] – oobye !

[Praed geht. Vivie, gefasst und äußerst ernst, setzt sich auf Honorias Stuhl und wartet darauf, dass ihre Mutter spricht. Frau Warren, die eine Pause fürchtet, verliert keine Zeit und beginnt.]

Frau Warren. Nun, Vivie, warum bist du so weggegangen, ohne ein Wort mit mir zu sagen? Wie konnte man so etwas tun! Und was hast du dem armen George angetan? Ich wollte, dass er mit mir kam; aber er schlurfte da raus. Ich konnte sehen, dass er große Angst vor dir hatte. Einziger Gedanke: Er wollte, dass ich nicht komme. Als ob ich [zitternd] Angst vor dir hätte, mein Lieber. [Vivies Schwerkraft verstärkt sich]. Aber natürlich sagte ich ihm, dass zwischen uns alles geregelt und angenehm sei und dass wir uns bestens verstanden hätten. [Sie bricht zusammen]. Vivie: Was hat das zu bedeuten? [Sie holt einen Werbeumschlag hervor und fummelt mit zitternden Fingern an der Beilage herum]. Ich habe es heute Morgen von der Bank bekommen.

VIVIE. Es ist mein monatliches Taschengeld. Sie haben es mir neulich wie immer geschickt. Ich habe es einfach zur Gutschrift zurückgeschickt und darum gebeten, Ihnen die Einzahlungsquittung zuzusenden. In Zukunft werde ich mich selbst unterstützen.

MRS WARREN (wagt nicht zu verstehen) War das nicht genug? Warum hast du es mir nicht gesagt? [Mit einem schlauen Glanz in ihren Augen] Ich werde es verdoppeln: Ich hatte vor, es zu verdoppeln. Teilen Sie mir einfach mit, wie viel Sie möchten.

VIVIE. Sie wissen ganz genau, dass das nichts damit zu tun hat. Von diesem Zeitpunkt an gehe ich meinen eigenen Weg in meinem eigenen Unternehmen und unter meinen eigenen Freunden. Und du wirst dein eigenes gehen. [Sie steht auf]. Auf Wiedersehen.

MRS WARREN [steht entsetzt auf] Auf Wiedersehen?

VIVIE. Ja, auf Wiedersehen. Kommen Sie: Lassen Sie uns keine unnötige Szene machen: Sie verstehen das vollkommen. Sir George Crofts hat mir alles erzählt.

MRS WARREN [wütend] Dumme alte Frau – [Sie schluckt einen Beinamen herunter und wird dann weiß, weil sie es kaum schaffen kann, ihn auszusprechen].

VIVIE. Einfach so.

Frau Warren. Ihm sollte die Zunge herausgeschnitten werden. Aber ich dachte, es wäre vorbei: Du hast gesagt, dass es dir nichts ausmacht.

VIVIE [unerschütterlich] Entschuldigung, das *macht mir* etwas aus.

Frau Warren. Aber ich erklärte:

VIVIE. Du hast erklärt, wie es dazu kam. Du hast mir nicht gesagt, dass es immer noch so ist [Sie sitzt].

[Frau Warren, die für einen Moment schweigt, blickt verlassen auf Vivie, die wartet und insgeheim hofft, dass der Kampf vorbei ist. Aber der listige Ausdruck kehrt in Mrs. Warrens Gesicht zurück; und sie beugt sich über den Tisch, schlau und drängend, halb flüsternd.]

Frau Warren. Vivie: Weißt du, wie reich ich bin?

VIVIE. Ich habe keinen Zweifel daran, dass Sie sehr reich sind.

MRS WARREN: Aber Sie wissen nicht, was das alles bedeutet; Sie sind zu jung. Es bedeutet jeden Tag ein neues Kleid; es bedeutet jeden Abend Theater und Bälle; es bedeutet, dass Ihnen alle Herren Europas zu Füßen liegen; es bedeutet ein schönes Haus und jede Menge Dienstboten; es bedeutet das erlesenste Essen und Trinken; es bedeutet alles, was Sie mögen, alles, was Sie wollen, alles, was Sie sich vorstellen können. Und was sind Sie hier? Ein bloßes Arbeitstier, das sich von früh bis spät abmüht und schuftet, um seinen kargen Lebensunterhalt und zwei billige Kleider im Jahr zu verdienen. Denken Sie darüber nach. [Beruhigend] Sie sind schockiert, das weiß ich. Ich kann Ihre Gefühle nachvollziehen; und ich denke, sie ehren Sie; aber glauben Sie mir, niemand wird Ihnen die Schuld geben: darauf können Sie sich verlassen. Ich weiß, wie junge Mädchen sind; und ich weiß, Sie werden es sich anders überlegen, wenn Sie darüber nachgedacht haben.

VIVIE. So wird es also gemacht, oder? Sie müssen das alles zu so mancher Frau gesagt haben, um es so verstanden zu haben.

MRS WARREN (leidenschaftlich): Welchen Schaden verlange ich von Ihnen? [Vivie wendet sich verächtlich ab. Frau Warren fährt verzweifelt fort] Vivie: Hören Sie mir zu: Sie verstehen nicht: Sie wurden absichtlich falsch unterrichtet: Sie wissen nicht, wie die Welt wirklich ist.

VIVIE [verhaftet] Mit Absicht falsch unterrichtet! Wie meinst du das?

Frau Warren. Ich meine, dass Sie alle Ihre Chancen umsonst vergeuden. Sie denken, dass die Menschen das sind, was sie vorgeben zu sein: dass die Art und Weise, wie Ihnen in der Schule und im College beigebracht wurde, richtig und richtig zu denken, so ist, wie die Dinge wirklich sind. Aber das ist es nicht: Es ist alles nur ein Vorwand , um das feige, sklavische Gemeinwesen zum Schweigen zu bringen. Willst du das herausfinden, wie andere Frauen, mit vierzig, wenn du dich selbst vergeudet hast und deine Chancen verloren hast; Oder willst du es jetzt nicht rechtzeitig von deiner eigenen Mutter annehmen, die dich liebt und dir schwört, dass es die Wahrheit ist: die Wahrheit des Evangeliums? [Dringend] Vivie: Die großen Leute, die klugen Leute, die Manager, alle wissen es. Sie tun, was ich tue, und denken, was ich denke. Ich kenne viele davon. Ich kenne sie, mit denen ich sprechen, sie vorstellen und mit denen ich Freundschaften schließen kann. Ich meine nichts Falsches: Das ist es, was du nicht verstehst: Dein Kopf ist voller unwissender Vorstellungen über mich. Was wissen die Menschen, die Sie unterrichtet haben, über das Leben oder über Menschen wie mich? Wann haben sie mich jemals getroffen, mit mir gesprochen oder sich von jemandem von mir erzählen lassen? die Narren! Hätten sie jemals etwas für Sie getan, wenn ich sie nicht bezahlt hätte? Habe ich dir nicht gesagt, dass ich möchte, dass du respektabel bist? Habe ich dich nicht respektabel erzogen? Und wie kannst du ohne mein Geld, meinen Einfluss und Lizzies Freunde weitermachen? Kannst du nicht sehen, dass du dir selbst die Kehle durchschneidest und mir gleichzeitig das Herz brichst, wenn du mir den Rücken kehrst?

VIVIE. Ich erkenne die Lebensphilosophie der Crofts, Mutter. Ich habe alles an diesem Tag bei den Gardners von ihm gehört .

Frau Warren. Du denkst, ich möchte dir diesen abgedroschenen alten Mistkerl aufzwingen! Das tue ich nicht, Vivie: Bei meinem Eid tue ich das nicht.

VIVIE. Es wäre egal, wenn Sie es täten: Sie würden keinen Erfolg haben. [Frau Warren zuckt zusammen, zutiefst verletzt über die angedeutete Gleichgültigkeit gegenüber ihrer liebevollen Absicht. Vivie, die das weder versteht noch sich darum kümmert, fährt ruhig fort] Mutter: Du weißt überhaupt nicht, was für ein Mensch ich bin. Ich habe gegen Crofts nicht mehr Einwände als gegen jeden anderen grob gebauten Mann seiner Klasse. Um die Wahrheit zu sagen, ich bewundere ihn eher dafür, dass er stark genug ist, sich auf seine eigene Art zu amüsieren und viel Geld zu verdienen, anstatt das übliche Schießen, Jagen, Essen gehen, Schneidern und Faulenzen seines Freundeskreises zu führen, nur weil all das so ist Rest, mach es. Und ich bin mir vollkommen bewusst, dass ich genau das getan hätte, was meine Tante Liz getan hätte, wenn ich in den gleichen Umständen gewesen wäre.

Ich glaube nicht, dass ich voreingenommener oder eingeschränkter bin als Sie: Ich glaube, ich bin weniger voreingenommen. Ich bin mir sicher, dass ich weniger sentimental bin. Ich weiß sehr gut, dass modische Moral alles nur ein Vorwand ist und dass ich, wenn ich Ihr Geld nehmen und den Rest meines Lebens damit verbringen würde, es modisch auszugeben, so wertlos und bösartig sein könnte, wie die dümmste Frau nur sein kann, ohne dass ein Wort gesagt wird mir darüber. Aber ich möchte nicht wertlos sein. Es würde mir keinen Spaß machen, durch den Park zu laufen, um Werbung für meine Schneiderin und Kutschenbauerin zu machen, oder mich in der Oper zu langweilen, um ein Schaufenster voller Diamanten zur Schau zu stellen.

MRS WARREN [verwirrt] Aber –

VIVIE. Moment mal: Ich habe es noch nicht getan. Sagen Sie mir, warum Sie Ihr Unternehmen weiterführen, nachdem Sie davon unabhängig sind. Deine Schwester, hast du mir erzählt, hat das alles hinter sich gelassen. Warum machst du nicht dasselbe?

Frau Warren. Oh, für Liz ist das alles ganz einfach: Sie mag gute Gesellschaft und wirkt wie eine Dame. Stellen Sie sich *mich* in einer Domstadt vor! Selbst wenn ich die Langeweile ertragen könnte, würden mich selbst die Krähen in den Bäumen entdecken . Ich muss Arbeit und Aufregung haben, sonst würde ich melancholisch verrückt. Und was kann ich sonst noch tun? Das Leben passt zu mir: Ich bin dafür geeignet und für nichts anderes. Wenn ich es nicht täte, würde es jemand anderes tun; also ich füge dadurch keinen wirklichen Schaden zu. Und dann bringt es Geld ein; und ich verdiene gerne Geld. Nein: Es nützt nichts: Ich kann es nicht aufgeben – für niemanden. Aber was müssen Sie darüber wissen? Ich werde es nie erwähnen. Ich werde Crofts fernhalten. Ich werde Sie nicht allzu sehr belästigen: Sie sehen, ich muss ständig von einem Ort zum anderen laufen. Wenn ich sterbe, wirst du ganz von mir los sein.

VIVIE. Nein: Ich bin die Tochter meiner Mutter. Mir geht es wie dir: Ich muss Arbeit haben und mehr Geld verdienen, als ich ausgebe. Aber meine Arbeit ist nicht deine Arbeit, und mein Weg ist nicht dein Weg. Wir müssen uns trennen. Es wird für uns keinen großen Unterschied machen: Anstatt uns in zwanzig Jahren vielleicht ein paar Monate lang zu treffen, werden wir uns nie treffen: das ist alles.

MRS WARREN (ihre Stimme erstickt vor Tränen) Vivie: Ich hätte mehr mit dir zusammen sein wollen, das habe ich tatsächlich getan.

VIVIE. Es nützt nichts, Mutter. Ich lasse mich durch ein paar billige Tränen und Bitten genauso wenig verändern wie du, glaube ich.

MRS WARREN (wild) Oh, Sie nennen die Tränen einer Mutter billig.

VIVIE. Sie kosten Sie nichts; und du bittest mich, dir im Austausch dafür den Frieden und die Ruhe meines ganzen Lebens zu geben. Welchen Nutzen hätte mein Unternehmen für Sie, wenn Sie es erwerben könnten? Was haben wir beide gemeinsam, das uns beide glücklich machen könnte?

MRS WARREN (verfällt leichtsinnig in ihren Dialekt): Wir sind Mutter und Tochter. Ich will meine Tochter. Ich habe ein Recht auf dich. Wer soll für mich sorgen, wenn ich alt bin? Viele Mädchen haben mich wie Töchter angenommen und geweint, als sie mich verlassen haben; Aber ich habe sie alle gehen lassen, weil ich mich auf dich freuen konnte. Ich habe mich für dich einsam gehalten. Du hast jetzt kein Recht, dich gegen mich zu wenden und deine Pflicht als Tochter zu verweigern.

VIVIE [erschüttert und verärgert über das Echo der Slums in der Stimme ihrer Mutter] Meine Pflicht als Tochter! Ich dachte, wir sollten gleich darauf zurückkommen. Nun ein für alle Mal, Mutter, du willst eine Tochter und Frank möchte eine Frau. Ich will keine Mutter; und ich will keinen Ehemann. Ich habe weder Frank noch mich selbst verschont, als ich ihn wegen seiner Geschäfte geschickt habe. Glaubst du, ich werde dich verschonen?

MRS WARREN (heftig): Oh, ich weiß, wer Sie sind: keine Gnade für sich selbst oder irgendjemanden anderen. *Ich* weiß. Meine Erfahrung hat das jedenfalls für mich getan: Ich kann es der frommen, streitsüchtigen, harten, selbstsüchtigen Frau sagen, wenn ich sie treffe. Nun, behalte dich für dich: *Ich* will dich nicht. Aber hör dir das an. Weißt du, was ich mit dir machen würde, wenn du wieder ein Baby wärst? Ja, so sicher, wie es einen Himmel über uns gibt.

VIVIE. Erwürge mich vielleicht.

Frau Warren. Nein: Ich würde dich zu einer echten Tochter für mich erziehen und nicht zu dem, was du jetzt bist, mit deinem Stolz und deinen Vorurteilen und der College-Ausbildung, die du mir gestohlen hast: ja, gestohlen: leugne es, wenn du kannst: was war es aber stehlen? Ich würde dich in meinem eigenen Haus großziehen, das würde ich.

VIVIE [leise] In einem deiner eigenen Häuser.

MRS WARREN [schreit] Hören Sie ihr zu! Hören Sie zu, wie sie ihrer Mutter auf die grauen Haare spuckt! Oh, möge du noch erleben, wie deine eigene Tochter dich zerreißt und mit Füßen tritt, so wie du auf mir herumgetrampelt hast. Und du wirst: du wirst. Noch nie hatte eine Frau Glück, wenn der Fluch ihrer Mutter auf ihr lastete.

VIVIE. Ich wünschte, du würdest nicht schimpfen, Mutter. Es macht mich nur härter. Kommen Sie: Ich nehme an, ich bin die einzige junge Frau, die Sie jemals in Ihrer Macht hatten und der Sie Gutes getan haben. Verderben Sie jetzt nicht alles.

Frau Warren. Ja, der Himmel vergib mir, es ist wahr; Und du bist der Einzige, der sich jemals gegen mich gewandt hat. Oh, was für eine Ungerechtigkeit! die Ungerechtigkeit! die Ungerechtigkeit! Ich wollte immer eine gute Frau sein. Ich habe ehrliche Arbeit versucht; und ich wurde versklavt, bis ich den Tag verfluchte, an dem ich jemals von ehrlicher Arbeit hörte. Ich war eine gute Mutter; Und weil ich meine Tochter zu einer guten Frau gemacht habe , macht sie mich zu einem Aussätzigen. Oh, wenn ich nur mein Leben noch einmal leben könnte! Ich würde mit diesem verlogenen Geistlichen in der Schule reden. Von nun an, so hilf mir der Himmel, in meiner letzten Stunde werde ich Unrecht tun und nichts als Unrecht. Und ich werde damit Erfolg haben.

VIVIE. Ja: Es ist besser, sich für eine Linie zu entscheiden und sie durchzuziehen. Wenn ich du gewesen wäre, Mutter, hätte ich vielleicht getan, was du getan hast; aber ich hätte nicht ein Leben führen und an ein anderes glauben sollen. Im Herzen bist du eine konventionelle Frau. Deshalb verabschiede ich mich jetzt von Ihnen. Ich habe recht, nicht wahr?

MRS WARREN [verblüfft] Es ist richtig, mein ganzes Geld wegzuwerfen!

VIVIE. Nein: Recht, dich loszuwerden? Ich sollte ein Narr sein, es nicht zu tun. Ist das nicht so?

MRS WARREN (schmollend) Na ja, wenn Sie dazu kommen, dann nehme ich an, dass Sie das tun. Aber Herr, hilf der Welt, wenn jeder das Richtige tun würde! Und jetzt gehe ich lieber, als dort zu bleiben, wo ich unerwünscht bin. [Sie dreht sich zur Tür um].

VIVIE (freundlich) Willst du mir nicht die Hand geben?

MRS WARREN [nachdem sie sie einen Moment lang grimmig angesehen hatte, mit dem wilden Drang, sie zu schlagen] Nein, danke. Auf Wiedersehen.

VIVIE (sachlich): Auf Wiedersehen. [Frau Warren geht hinaus und schlägt die Tür hinter sich zu. Die Anspannung in Vivies Gesicht lässt nach; Ihr ernster Gesichtsausdruck löst sich in einen Ausdruck freudiger Zufriedenheit auf; Ihr Atem geht aus, halb schluchzend, halb lachend, voller Erleichterung. Sie geht beschwingt zu ihrem Platz am Schreibtisch; schiebt die elektrische Lampe aus dem Weg; zieht einen großen Stapel Papiere herüber; und taucht gerade ihren Stift in die Tinte, als sie Franks Notiz findet. Sie öffnet es unbekümmert, liest es schnell und lacht ein wenig über eine seltsame Ausdrucksweise darin. Und auf Wiedersehen, Frank. [Sie zerreißt den Zettel und wirft die Stücke ohne einen zweiten Gedanken in den Papierkorb. Dann macht sie sich mit einem Sprung an die Arbeit und vertieft sich bald in die Figuren.